兒歌教材教法

蘇愛秋／著

作者簡介

蘇愛秋

主要經歷：

政大實小附幼主任

台北市市立師專夜間部兼任講師（市立師院前身）

台北市省立師專夜間部兼任講師（國立師院前身）

台北市公私立幼稚園評鑑委員

台北市陽明山及板橋師資培訓中心講師

台北市政大公企中心幼教師資培訓班班主任兼講師

新加坡、馬來西亞、菲律賓師資培訓中心講師

英國愛默生學院專修幼兒教育

現任：

中國幼稚教育學會理事

基隆資優幼稚園顧問

主要近作：

《開放的親職教育》（信誼，2001 年 7 月）

《親職教育——父母心、師生情》（心理，2003 年 4 月）

孩子們，對不起

黃迺毓

師大人類發展與家庭學系教授

台灣閱讀協會秘書長

孩子們，對不起。雖然你們現在還無法閱讀這篇文章，但是我還是要寫，讓還能看得懂中文的大人們以後唸給你們聽吧，因為很可能等你們長大後還是看不懂中文的文章。

每次看到你們被安排著疲於奔命的學習各項才藝──尤其是英語，臉上流露的是不該屬於孩子的疲憊和困惑的交錯複雜神情時，我就情不自禁的懊惱，真不知道我們這些大人有什麼該作的沒作，而不該作的反而作了，總之，希望你們將來長大後，回顧童年，能夠了解這個時代的迷惘。

在我小的時候（當然是有一段時光了），我們的母語都是在各自的家中跟父母學來的，即使是台語，也因父母來自不同的地區而有不同的腔調，家鄉腔構成每個家庭的特色，也成為我們個人獨特性的一部份。我的鄰居有來自大陸不同省分的長輩，帶著濃濃的鄉音，跟我們這些小朋友交談互動，

我們因此又學會許多不同腔調的「國語」，使得人際往來寬廣而和善，那是一種道地的雙語環境。

在我們那一代孩子的心目中，母語與自己原生家庭的臍帶，它是你呼天搶地時自然脫口而出的語言，沒有課程，不需教室，父母免費提供，就像家鄉菜一樣，讓你吃了長大。

而國語是「公家」的語言，是大家都可以互通的話，不管帶著何種鄉音，它有一套共同的規則，使用起來非常方便，它讓我們在外能表達和接收善意，有助於社會人格的發展。

至於「外語」，則是年紀更大以後，為了能更快速而直接吸收外界的知識而需要的工具，它是一種輔助語文，讓我們視野更寬廣。我覺得這樣的學習順序很好，我很安心的按部就班的裝備我的語文能力，讓我今日溝通無礙。

曾幾何時，這個次序顛倒過來了，家庭裡不太使用母語，反而要求學校老師以教「外語」的方式來教母語！而外語先聲奪人，成為父母們心中的首要語文，執政掌權者將「非政策」（一些少數人的想法）當政策，教育界一片生靈塗炭，我想到聖經創世紀中描寫的巴別塔。

據聖經記載，本來天下人的口音、言語都一樣。可是人們彼此商量說：「來吧！我們要作磚，把磚燒透了。他們就拿磚當石頭，又拿石漆當灰泥。」他們說：「來吧！我們要建造一座城和一座塔，塔頂通天，為要傳揚我們的名，免得我們分散在全地上。」上帝知道了就說：「看哪，他們成為一樣的人民，都是一樣的言語，如今竟作起這事來，以後他們所要作的事就沒有不成就的了。我們下去，在那裡變亂他

們的口音，使他們的言語彼此不通。」於是上帝使他們從那裡分散在全地上；他們就停工，不造那城了。因為上帝在那裡變亂天下人的言語，使眾人分散在全地上，所以那城名叫巴別（就是變亂的意思）。

當我看到你們，孩子，我往往不知道要跟你們說什麼語言，才能感覺親切。在血緣上，我們同為華人，但是我們之間似乎築起了新的巴別塔，在二十一世紀，在太平洋中的這個島上，這一切亂象不是沒根由的。

然而，幸虧我的好朋友蘇愛秋老師，退而不休的將她數十年從幼教工作上累積的愛的能量，化成一篇篇有趣的兒歌，出版了這本《兒歌教材教法》。我希望，不只是你們的老師，還有你們的父母，都能夠好好的使用它，你會發現，原來中文是這麼有趣味，而且可以這麼愉快而有效的學習，孩子，人的思考和情緒都要透過語文，學習語文是很重要的，也是可以享受的，如果順序對了的話。

希望你們長大後還可以有好的中文基礎，它才是你自信的根源，如果到時候你還能閱讀這篇文章，希望你會說：我們不怪任何人，感謝上帝，也謝謝推廣兒歌的人們，幸好我們童年時，唱了很多兒歌，使我以中文流暢為榮。

幼教的長青樹

林育瑋
師大人類發展與家庭學系副教授

　　記得前兩個月前打電話給蘇老師時，他很興奮的告訴我：「育瑋啊！我現在正在寫一本有關兒歌的書喔……」接著他很興奮的唸出好幾首兒歌，這些兒歌他都牢記在心，因為這些是從他生活中親身體會而創作出來的。從蘇老師的分享中，真的可以體會他的投入及用心。而我萬萬也沒有想到，轉眼間所有的稿件就出現在我眼前，我真的要說：「蘇老師您真棒啊！」

　　蘇老師一直是幼教界的長青樹。他投身幼教領域已有四十多年，雖然已從政大實小附幼退休，但他仍相當關心幼救，常可以在幼教重要研討會及會議中看到他，而蘇老師也可以作為「終身學習者」的重要典範。

　　認識蘇老師，是在我還是政大研究生的時候（那是在一九七九年）。當時由於撰寫論文的緣故到政大附幼尋求資源

及支援，蘇老師（當時擔任政大附幼主任）對一個從未見過面的研究生義不容辭地傾囊相授，甚至搬出幻燈機，一一為我介紹政大附幼的教學、設備，並傳授許多幼教理論及實務的相關知識；除此外，還常邀請我到家裡享受美食。對一個幼教的新人，他真是竭盡全力的協助。所以，我投入幼教工作，蘇老師也是個重要影響人物。他不僅在我求學時幫助我，在我初次擔任科學園區實驗中學幼稚園教師兼園長時，因為學校剛成立，一切千頭萬緒，蘇老師還親自帶著政大附幼老師到新竹來輔導、協助及支持我，點點滴滴都讓我感動萬分。蘇老師就是這麼一位熱心的長者，他不會藏私，且非常願意將他的一切與人分享，而這本《兒歌教材教法》的誕生，更印證了他這種特質。

在這本書中蘇老師將內容分為好幾大類，並用不同的手法來敘寫，不僅可以提供幼教現場老師依據班上不同主題來選擇兒歌，更可以鼓勵大家加入創作兒歌的行列。蘇老師在自序中提到撰寫此書目的及構想，也提供許多敘寫兒歌的手法，這對有心創作兒歌的教師或家長是相當有幫助的。除此外，蘇老師還很細心地在每首兒歌下面清楚說明學習此首兒歌的目的、如何引起動機、帶領活動方式及延伸活動，有些還會加上提示的「貼心話」，相信這些都可以作為運用此兒歌時的重要參考依據。

兒歌除了常運用於幼教現場，平時與孩子的相處、互動，在觀察、傾聽孩子的過程中，也能得到許多兒歌創作的靈感，而孩子們的童言童語更是兒歌創作的最佳例句。因此，「兒

歌創作及寫作」也一直是蘇老師的最愛，他說到：「創作兒歌是件很有趣的事，我手在寫而心在玩，其樂無比，不僅可以自娛，還可以娛人。」我何其榮幸最先享受這些兒歌之「童趣」，在其中也更深刻體會到蘇老師的「童心」。我期待透過蘇老師的拋磚引玉，能引發更多的同好加入創作兒歌的行列，讓我們聽見孩子、看見孩子的同時，也創作更多的屬於孩子們話語，享受著孩子世界中簡單卻滿足的快樂！

　　我撰寫此書的目的及構想，是根據以下的信念：

一、由於體會到童言童語及童心的可貴，因此我是以孩童的
　　語言來寫小朋友的兒歌，不會為了措詞的優美而失去童
　　趣。

二、希望小朋友在琅琅上口中，增進語言表達能力與興趣。

三、從小培養「利他」行為，必有利於未來待人接物的良好
　　態度。

四、寫兒歌必先考慮到趣味性、實用性、而且要能深入淺出，
　　讓小朋友一唸就懂，還要押韻，才容易琅琅上口。

五、增進親子間的親密關係，讓小朋友對家人有強烈的歸屬
　　感，達到互信、互諒、互愛的倫理情愫。

六、啟發小朋友對周遭事物的關心、培養探索大自然生態的
　　興趣、增進對周遭環境的敏感，進而滿足求知慾。

七、在兒歌朗誦中，滿足小朋友身歷其境的愉悅。

八、了解兒歌的功能性，是要陶冶性情、發展想像力、啟發
　　思考、增長知識、充實生活經驗，促進小朋友未來對文
　　學修養與興趣。

九、為迎合小朋友的興趣與接受能力，因此，選擇兒歌的材料可以擬人化，營造想像的空間與幽默感，尤其是具有韻律感、遊戲性、操作性的兒歌，更能讓小朋友喜歡。兒歌選材亦可激勵向上，樂觀進取，達到健全人格教育的目標。

十、培養同情心、同理心、關懷心、感恩心等人道精神，使生命哲學和人格的啟迪與心靈陶冶，在琅琅上口中達到潛移默化的作用。

　　我畢生從事幼兒教育工作，對兒歌寫作一直都很感興趣，自退休以來，除了撰寫有關親職教育的書及專欄，便是以創作兒歌自娛。好像把自己投入一個虛擬又近乎實際的童話世界裡。手在寫而心在玩，其樂無比。多年來大約寫了近四百首兒歌。這本書是從現有的兒歌中選出二分之一加以修改，有二分之一重新創作，依其內容分成五輯。

第一輯：包括大自然生態、時令節日、動物及植物等。

第二輯：親子關係、衛生保健、生活常規、抒情、謎語等。

第三輯：專為培養小朋友對數字、數學產生興趣而寫。

第四輯：專為開放教室中的學習區而寫，學習區中許多功能及規範，亦可在琅琅上口獲得了解。

第五輯：專為二至三歲的小朋友所寫，以增進他們語言表達能力。

以上每一輯兒歌都有不同的手法，簡單說明如下：

一、直接敘述法：對物品或人物或心情等都直接說明白，例
如《好朋友》：

好朋友，真有趣，

玩玩具，讓來讓去，

有心事，說來說去，

在一起，愛來愛去，

說話時，和和氣氣，

玩遊戲，歡歡喜喜。

這首《好朋友》，其內容已把好朋友之間的情誼狀況直
接說明白。

二、擬人描述法：學齡前小朋友正是處於物我不分的自我中
心階段，他們把任何東西都看成自己的世界，他們可以
把所有的事情或有／無生命的東西，都以自己的思考模
式為出發點，他們會跟動物、昆蟲、花草樹木或大自然
等說話，例如《魚兒本領好》：

小小魚兒本領好，

不用吸管和肥皂，

就會自己吹泡泡。

翻筋斗，打水漂，

甩甩尾巴扭扭腰，

不閉眼睛不睡覺，

精神還是那麼好！

　　這首兒歌主要是啟發小朋友觀察水裡動物的興趣。因為魚沒有眼簾不會閉，他們便認為魚自己不願閉眼睛，也不愛睡覺。不用吸管和肥皂，就會自己吹泡泡，就是把牠跟自己的經驗聯想的結果。

三、跟自己對話法：以自問自答方式，例如《我的媽媽》：

香什麼香？媽媽的身體香，靠在懷裡好溫暖。

細什麼細？媽媽的心最細，愛護我，甜蜜蜜。

長什麼長？媽媽的愛最長，永遠永遠不會忘。

大什麼大？媽媽的手最大，照顧全家笑哈哈！

　　小朋友都很喜歡透過對話方式，把心裡的感覺描述出來。學齡前小朋友最親密與依賴的對象就是媽媽了，在一般家庭環境中，母親角色幾乎是無人可以取代。

四、猜謎法：利用猜謎方式，例如《小謎語》：

有樣東西不像腳，

**　　會滾又會跑，**

**　　有大也有小，**

沒有它，

**　　大車小車跑不了。**

　　雖然沒有把輪胎說出來，但是已把它的特徵說得很明白，

很容易被小朋友猜到，讓小朋友高興地覺得自己很棒，享受成就感正是小朋友樂於繼續努力學習的動力。

五、故事法：以故事結構方式寫，例如《月亮的故事》：

好多人說：

月亮娘娘真漂亮，

甜甜臉兒仙女裝，

黑黑頭髮細又長！

太空人說：

月亮娘娘真難看，

麻子臉兒洞洞裝，

連根頭髮也不長。

這首便是以簡單的月亮故事敘說月球的情形，也是培養想像力及趣味性兒歌。

六、誇張式寫法：例如《好玩的積木》：

我用積木搭座橋，

一搭搭到半山腰，

山上老虎橋上過，

一不小心跌一跤，

跌到那裡不知道。

再搭城門八丈高，

輕輕一碰通通倒，

沒關係！再來造。

這首兒歌中，積木搭到半山腰，及再搭城門八丈高，都屬誇張的寫法，最後一句沒關係，再來造，是鼓勵小朋友遇有挫折不要氣餒，只要再努力還是會成功。

七、逗趣式兒歌：例如《比臭屁》：

張小妹，王小弟，

兩人每天比放屁，

張小妹說王小弟的屁臭，

王小弟說張小妹的屁臭，

比來比去都是屁，

笑得大家跌破皮。

這首兒歌每次唸，小朋友都會開懷大笑，笑完了就說：「好好玩！」每個小朋友也都承認自己放過屁。大人認為孩子說屁股、大便、放屁是不雅的字眼，而小孩子卻非常喜歡說，這就是大人與小孩不同的地方。放屁等字眼成了小朋友認為很有趣的語言，可是一段時間後，大概已經沒有新鮮感，就再也聽不到了。我個人認為只要不是口出三字經等語言攻擊，我是不會加以阻止的。

八、數字兒歌：例如《順數倒數歌》：

一二三四五，自己擦屁股，

五四三二一，自己會穿衣。

六七八九十，吃飯不挑食，
十九八七六，吃菜也吃肉。

　　這首兒歌是為了培養小朋友的自理能力，透過尾韻的韻味培養小朋友對順數倒數能琅琅上口而產生興趣。

　　為了小朋友能流利地琅琅上口，我一律採押韻方式呈現，也為了在語音語調上求變化，引用不同方式的寫法，例如有押尾韻、逐行押韻、隔行押韻，或每三行押一句尾韻，有的以換韻方式，也就是前幾行押韻，後幾行又押另一種韻。有韻味的兒歌，唸起來既順口又好記，所以中國大陸許多民謠都因此而流傳下來。北方人管民謠叫作「順口溜」，就是因押韻唸起來順口的意思。押韻兒歌也比較適合譜曲，唱起來也會比較順。所以，我從前三輯中選出了三十五首兒歌譜成曲。讓孩子們在唸熟兒歌之後，又可唱唱跳跳，享受唱遊的樂趣。

　　我相信，只要平時多花點時間觀察小朋友，感覺他們的內心世界，除了體會小朋友天真爛漫又富於幻想的特質以外，也能多注意大自然生態及社會脈絡，從中取材，要編寫生動有趣的兒歌並不困難。希望這本兒歌專輯，能夠伴隨小朋友的金色童年成長，或許對未來文學興趣及修養能打下一點基礎，同時在潛移默化中獲得知識知能。

　　在此，我要特別謝謝心理出版社願意付梓。也要謝謝我可愛的小外孫──昌儒，他給了我太多歡樂與寫作靈感。也

要謝謝兒女、女婿、媳婦，他們平時在精神上給了我許多關懷，孝順更不在話下。尤其是女兒女婿，他們好貼心，時常令我感動。還要謝謝我的外子，他數十年如一日，對我無怨無悔默默地付出，讓我無後顧之憂，可以專心埋首寫作。太多好友、園長及幼教老師們，不斷催促我出書。要不是他們，這本書真不知要拖到何時才會完成，我也在此一併謝謝他們。更要謝謝我多年好友逎毓和育瑋，她們在百忙中願意抽空為我寫序。這一生我內心充滿感恩，以喜悅的心情面對每一個日子。最後，我希望這本書能發揮拋磚引玉的作用，能有更多同好投入兒歌創作，為自己抒發情意，也為下一代築夢。

蘇愛秋

植物類兒歌 🎵

節日、時令兒歌 🎵

第二輯　日常生活兒歌

親子關係兒歌 ♪

生活常規 ♫

人際關係 ♬

第三輯　數字兒歌

十進位歌 𝄢

一至十數數歌 𝄐

由大到小序列概念 ♪

長短、大小、多少的概念 𝄞

方向概念 ♫

培養計算能力 𝄢

學習隻、片、雙、個單位用語 𝄐

學習畫數字 ♪

第四輯　學習區

學習區兒歌 ♫

第五輯　二至三歲寶貝篇

第一輯

大自然生態兒歌

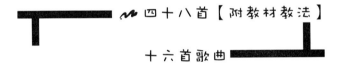

四十八首【附教材教法】

十六首歌曲

1 和大自然做朋友

溪邊柳樹搖，

樹上小鳥叫，

花兒遍地開，

羊兒吃青草。

樹枝點點頭，

樹葉在招手，

他們歡迎我，

跟我做朋友。

兒歌教材教法：

學習目的	引起動機	延伸活動
鼓勵小朋友走向大自然，欣賞大自然，進而對大自然關懷。	由郊遊經驗分享談。	帶小朋友走向大自然，做一次身心靈健康之旅。

2 春天到

春天來了我最愛，

紅花白花朵朵開，

蝴蝶蜜蜂也飛來。

牠們三餐被招待：

花汁是湯，

花粉是菜，

東吃西吃好自在。

兒歌教材教法：

學習目的	引起動機	延伸活動
接近大自然、欣賞大自然，並說明蝴蝶蜜蜂採花粉或吸花汁的情形。	1.觀察戶外蝴蝶與蜜蜂的生態。 2.報告曾經在鄉下看過此景的經驗。	1.郊遊：到戶外踏青，尋找春天景象。 2.點心：讓幼兒(大班)自行用土司抹蜂蜜或調製蜂蜜水(中班、小班)配點心。

3　美麗的春天

圓圓的太陽瞇瞇笑，

樹上的芽兒往外冒，

地上的小草換綠袍。

花兒香，鳥兒叫，

蝴蝶蜜蜂湊熱鬧，

洞裡的蛇也出來瞧。

哦！

美麗春天已來到。

兒歌教材教法：

學習目的	引起動機	延伸活動
培養小朋友關心周遭景象的變化。	觀察樹木及花卉長出新芽新葉的情形。	1. 郊遊。 2. 請小朋友帶一件衣服到學校來，各人自行在衣服上貼些花卉圖片、穿著富有春天氣息的 DIY 衣服走秀。

4 夏天的雷

轟隆轟隆雷聲大，
小朋友們別害怕，
學校好像一個家，
老師就像爸和媽，
坐個圓圈說笑話，
雷聲再大別管它，
只有我們的笑聲，
哈！哈！　哈！哈！哈！
哈哈哈哈！～哈哈！

兒歌教材教法：

學習目的	引起動機	延伸活動
使小朋友對雷聲的恐懼感降低。	由打雷聲引起。	組織克難樂隊（利用各種可發出聲音的器物，例如石頭、餅乾盒蓋、竹片、小木塊……等），笑聲可配合拍手聲。

5　夏天的太陽

太陽啊！

　　請你休息吧！

水庫的水快要乾，

害得媽媽好緊張。

種田伯伯在流汗，

被曬得頭昏腦脹。

求求你：

你的陽光別太強。

兒歌教材教法：

學習目的	引起動機	延伸活動
知道陽光對氣候的影響，同時了解水對人們生活的重要性及培養觸覺的敏感度。	由大家出汗談起；或因頭髮被太陽曬得好燙說起。	實驗：「冰、冷、溫、熱、燙」等不同溫度！利用冰塊、冷水、溫水、熱水及開水，裝在透明的玻璃杯內，請小朋友用手在杯子外觸摸，說出不同溫度的感覺。

6 秋天的風

風呀！風呀！歇會兒吧！

吹得樹葉沒有家，

吹得蟲兒唧唧喳。

吹散我的長頭髮，

吹得風鈴掉地下。

只有天上的風箏，

飄呀！飄呀！看笑話！

兒歌教材教法：

學習目的	引起動機	延伸活動
感受秋天的景象。	由去戶外放風箏引起。	1. 撿拾戶外掉落的樹葉，將其泡水脫皮脫水後，利用葉脈作勞作。 2. 製作風箏、風車、小風鈴。

7 冬天的太陽

冬天太陽暖洋洋，

媽媽姊姊曬被忙，

奶奶捧火爐取暖。

一群螞蟻好匆忙，

冬天到了要存糧，

忙來忙去忙不完。

兒歌教材教法：

學習目的	引起動機	延伸活動
啟發小朋友凡事要多想，提前作計畫，才不會慌了手腳。	由小朋友穿著厚大衣或穿棉袍談起。	舉辦冬季服裝表演，鼓勵小朋友穿著特殊的服裝（如長袍馬褂、棉襖、大衣等）參與表演。

8 小水滴

小水滴，圓又亮，

陽光底下像水鑽。

小水滴，真好玩，

荷花葉上團團轉。

大顆小顆數不完，

溜進水裡找同伴。

兒歌教材教法：

學習目的	引起動機	實　　驗	延伸活動
培養小朋友觀察自然景象的興趣。	帶小朋友參觀雨後雨水在葉上的情形、研討、報告觀察心得。	取一點水，將一滴水滴在一個文字上面，研討為什麼字能放大。	到戶外聽流水聲。

9 聲音哪裡來？

請你猜，請你猜，
這些聲音哪裡來？
「呼呼呼！呼呼呼」，
「淅瀝瀝！嘩啦啦」，
「嗚嗚嗚！叭！叭！叭！」，
「噗通噗通呱呱呱」！

兒歌教材教法：

學習目的	引起動機	延伸活動
鼓勵傾聽大自然聲音，培養聽覺敏銳。	由談話引起生活中哪些聲音最好聽？哪些聲音是噪音？	1. 製作聽音筒：收集易開罐的空罐，約十個，每兩個放同樣的東西，例如小石頭、米、保麗龍塊、鐵釘、沙等，罐口封閉後，搖搖看，聲音像什麼，再將相同聲音配成對。 2. 閉上眼睛聽周邊的聲音。

10   彩　虹

太陽天空照，

風吹白雲飄。

小雨紛紛下，

出現彩虹橋。

顏色真美麗，

大家快來瞧！

兒歌教材教法：

學習目的	引起動機	實　驗	延伸活動
激發小朋友喜歡大自然變化的興趣。	報告曾經觀察過彩虹的經驗。	利用三稜鏡透過陽光的照射觀察七彩彩虹。	1. 水彩畫：美麗的彩虹。 2. 故事劇：太陽和風比本領的故事。

11 下雨天

下雨天，路滑滑，

毛毛細雨濕答答，

害我不能去玩耍。

太陽呀！出來吧，

請你把雨趕回家，

媽媽可以曬衣服，

我也可以去玩耍。

兒歌教材教法：

學習目的	引起動機	延伸活動
提醒小朋友雨天路滑，走路要特別小心。	觀察雨天情形後，由討論引起。	1. 研討雨水經由屋簷上的天高管路流下的雨水，沖到水溝時，為何會起泡泡？ 2. 觀察下雨情形，研討為何雨下的有時直，有時斜？

12 抓空氣

塑膠袋，空中搖，
抓到空氣要捏牢，
漲鼓鼓，輕飄飄，
沒顏色，沒味道，
一鬆手，全跑掉，
空氣你往哪裡逃？
我要再去找一找！

兒歌教材教法：

學習目的	引起動機	方　　法	延伸活動
培養小朋友對大自然產生好奇，同時了解空氣的重要。	實驗：由鼻子要呼吸談起。（小朋友捏緊鼻子、閉上嘴巴、發現要窒息的難過現象）。	帶小朋友在戶外手拿塑膠袋，向空中晃一晃，再捏緊袋口，便可抓住空氣了。	1. 利用塑膠袋到處去抓空氣，無論室內室外或任何地方，小朋友都能抓到空氣，證明空氣無所不在。 2. 實驗：空氣可助燃。小碟子內點燃蠟燭，注入水，蓋上罩杯，可發現火不會熄滅，一旦水上升，再掉下來，火就自動熄滅，可證明水中的氧氣被燃燒完，火自然會熄滅。

13 螞蟻搬餅乾

一塊餅乾在牆角，
螞蟻聞聞往回跑，
請來同伴一起搬，
噯呀呀！有麻煩，
餅乾大，洞口小，
進不去，真糟糕。
想出辦法用嘴咬，
咬碎餅乾抬進洞，
快快樂樂好過冬。

兒歌教材教法：

學習目的	引起動機	延伸活動
1. 知道通力合作的效果。 2. 鼓勵小朋友遇到困難時要動腦想辦法。	由觀察地上螞蟻引起。	螞蟻抬餅乾競走：長方型的體能墊當餅乾，由小朋友自製頭飾面具當螞蟻，兩組小朋友同時進行，先抬著大餅乾（海棉墊）到終點就算勝利。不宜過分強調輸贏，重點是同心協力完成任務。

14　秋天的螞蟻

小螞蟻，請注意，
秋天快要離開你，
快挖地道藏東西，
搬運糧食要努力。
冬天到了好休息，
有吃有住不用急。

兒歌教材教法：

學習目的	引起動機	延伸活動
鼓勵小朋友，做事要有計畫，為了達到目的努力不懈。	由觀察螞蟻引起。	1.利用沙池挖地道。 2.體能活動：小朋友自製螞蟻面具戴在頭上，玩搬運東西競走。

15 捉蝴蝶

小妹妹，捉蝴蝶，

蝴蝶飛，拼命追，

追不到，雙腳跳，

蝴蝶你往哪裡逃？

大聲叫，追不到，

蝴蝶呀，你別逃，

帶你回家當個寶，

一定把你照顧好！

兒歌教材教法：

學習目的	引起動機	延伸活動
啟發小朋友對生物的興趣。	由觀察蝴蝶引起。	1.參觀蝴蝶館。 2.韻律活動：從音樂聲中模仿蝴蝶飛。

16 蝴蝶和蜜蜂

院子裡，花兒香，

蝴蝶蜜蜂來欣賞，

採了花粉飛回去，

蝴蝶自己吃光光，

蜜蜂在家釀蜜糖，

釀出蜜糖甜又香，

做成蛋糕一級棒。

兒歌教材教法：

學習目的	引起動機	延伸活動
鼓勵小朋友做事要勤勞。	敘述蝴蝶與蜜蜂的生態故事。	1.點心：由小朋友用吐司抹蜂蜜，或由小朋友將蜂蜜調成蜂蜜水當飲料。 2.烹飪活動：利用甘蔗壓成汁，熬成糖。

17 　　　螳　　螂

螳螂會爬也會跳，

細的腰，長的腳，

一跳跳了三尺高，

一對前腳像鐮刀，

青草地上耍大刀，

抓到害蟲牠就咬，

吞到肚裡吃個飽。

兒歌教材教法：

學習目的	引起動機	延伸活動
讓小朋友認識螳螂的形態，知道螳螂是益蟲。	觀察螳螂引起討論（如果沒有實物可利用圖片）。	1.飼養螳螂：觀察螳螂產卵及蛻變過程。 2.利用橡皮筋玩跳高活動（橡皮有彈性，腳被鉤到不易跌倒）。

18　蚯蚓

我的身體長得醜，

沒有腳又沒有手，

移動環節蠕蠕走。

愛在泥土底下鑽，

鑽得泥土鬆又軟，

好讓植物容易長。

蔬菜稻米都健康，

種田的人最喜歡。

兒歌教材教法：

學習目的	引起動機	延伸活動
1.讓小朋友知道，只要對人有幫助，長得再醜也會獲得人們喜歡。 2.了解蚯蚓的形態及習性。	由觀察蚯蚓談起。	體能活動： 1.鑽籠遊戲（運用鑽籠體能器材）。 2.模仿蚯蚓在地面移動前進的情形。

一根繩子三尺長，
圍個圓圈仔細看，
草地上，螞蟻忙，
搬東西，回家藏。
拔起小草看一看，
看到蚯蚓土裡鑽。
戶外尋寶最有趣，
看來看去看不完。

兒歌教材教法：

學習目的	引起動機	延伸活動
培養小朋友觀察生物的興趣。	戶外野營或自由談話引起。	1. 小朋友一人一個紙袋，到戶外探索尋寶，把找到東西放在袋內，帶回教室作分類，比較多少，報告個人的「戰利品」。 2. 將「寶物」用膠紙黏在圖畫紙上，作成一幅尋寶圖。 3. 利用繩子在地板上作成平面造形。

20 聽！是誰的聲音？

國國國！什麼叫？

水裡游游地上跳。

吱吱吱！什麼叫？

愛在樹上跳呀跳。

嘟嘟嘟，什麼叫？

馬路上面到處跑。

哇哇哇！什麼叫？

想要媽媽抱一抱。

兒歌教材教法：

學習目的	引起動機	延伸活動
培養小朋友聽覺靈敏度，分辨不同聲音的能力。	1. 由抓蝌蚪或飼養蝌蚪的經驗談起。 2. 到戶外聽聽有什麼特別的聲音？再一起分享聽到聲音的經驗。	1. 請一位小朋友閉上眼睛，猜猜看：是誰在他耳邊說話，猜對的參與遊戲，猜錯的繼續當瞎子。 2. 畫出一種認為叫聲最好聽的動物。

21　小山羊

小山羊，身體壯，

爬山坡，一級棒。

吃吃草，玩一玩，

吃再多，也不胖。

吃飽了，躺一躺，

曬曬太陽懶洋洋，

咩咩咩！咩咩咩！

還會一起大合唱。

兒歌教材教法：

學習目的	引起動機	延伸活動
認識山羊的習性（可利用掛圖或參觀動物園）。	故事「三隻羊」引起。	1.故事劇：三隻羊過橋。 2.美勞：配合故事演出，製作面具及布景。

22　流浪狗

流浪狗，餓得慌，

給牠一碗湯，

一下喝光光，

啃骨頭，沒有肉，

邊啃邊叫汪汪汪，

我教牠說香香香，

牠偏要叫汪汪汪。

兒歌教材教法：

學習目的	引起動機	延伸活動
教導小朋友愛護小動物，並知道家庭的溫暖，進而要孝順父母。	由談話引起（報告常見的流浪狗）。	帶寵物到學校來分享，並報告和寵物在一起生活的點滴。

23 胖小豬

小豬小豬胖嘟嘟，

一個腦袋圓呼呼，

唱起歌來呼嚕嚕，

好像爸爸在打呼。

走路好像跳扭扭，

左一扭，右一扭，

扭來扭去扭扭扭。

兒歌教材教法：

學習目的	引起動機	延伸活動
了解豬的形態與特徵，培養幽默感。	模仿各種動物的動作引起。	體能活動：「烤乳豬」──地上放一張海棉墊，墊上架一枝圓形橫木，讓小朋友用四肢緊抱橫木，由旁邊小朋友幫助數，達到五下以上予以鼓掌通過（要衡量小朋友年齡與體力，才能決定多少下）。

24　小白兔

小白兔，尾巴短，

很會跑，沒人養，

小白兔，耳朵長，

肚子餓，洞裡藏，

小白兔，眼睛亮，

紅紅眼睛真漂亮，

小白兔，皮毛白，

柔柔軟軟好可愛。

兒歌教材教法：

學習目的	引起動機	延伸活動
了解兔子的特徵，啟發愛心、愛護小動物。	由飼養小動物引起。	1.體能活動：玩兔子跳。 2.遊戲：兔子找窩（小朋友分三組，拉個圓圈當兔子窩，四個小朋友一組玩搶窩遊戲）。

25　大公雞

有隻大公雞，
身穿五彩衣。
頭上戴皇冠，
漂亮又好看。
聲音好宏亮，
會叫人起床。

兒歌教材教法：

學習目的	引起動機	延伸活動	貼心話
認識公雞的特徵。	由談話引起：「誰聽過雞叫聲？」……	1.畫雞的家庭。 2.彩繪蛋殼。	只要小朋友樂於動手，不宜強調像或不像，以免心生挫折，而放棄努力。

26 啄木鳥

啄木鳥，本領好，

替樹看病先敲敲，

咄咄咄咄咄咄咄，

聽聽聲音就知道，

找到害蟲抓來吃，

吞到肚裡再去找，

啄木鳥呀啄木鳥，

你這醫生好勤勞。

兒歌教材教法：

學習目的	引起動機	延伸活動
了解啄木鳥的功勞，提醒小朋友要愛惜樹木。	談話引起：「為什麼有的樹木枯了、死了！」探討樹木枯死的許多原因。	1.到戶外去尋找最健康或生病的樹。 2.玩開小醫院的遊戲。

27 鹿寶寶

鹿媽媽，鹿寶寶，
森林裡，慢慢跑。
鹿寶寶，愛撒嬌，
跪著要求媽媽抱，
悄悄走近才知道，
原來跪著在吸奶，
好可愛的鹿寶寶。

兒歌教材教法：

學習目的	引起動機	延伸活動
以動物的親子親密關係啟發小朋友要珍惜母親對子女的愛。	報告家中有小嬰兒的飲食情形談起。	推行禮貌運動：會說「請」、「謝謝」、「對不起」等禮貌用語。老師必須身體力行。

28 魚兒本領好

小小魚兒本領好，

不用吸管和肥皂，

就會自己吹泡泡。

翻筋斗，打水漂，

甩甩尾巴扭扭腰，

不閉眼睛不睡覺，

精神還是那麼好！

兒歌教材教法：

學習目的	引起動機	延伸活動
啟發小朋友觀察動物的興趣。	觀察魚缸裡魚兒的動態引起（魚沒有眼簾所以不會閉眼睛）。	1. 體能活動：翻筋斗（注意頭部：老師要用手掌護著小朋友的頸部，幫助他們翻才不會危險）。 2. 韻律：隨著音樂做動作，例如：點點頭，扭扭腰，拍拍手，踏踏腳……等。 3. 撈魚或釣魚遊戲。

29 聰明與糊塗

聰明的鳥兒起得早，
飛到野外到處找，
找到果子吃一吃，
找到蟲兒吃個飽。
糊塗的鳥兒愛睡覺，
肚子餓得不得了，
還是懶得出去找，
蹲在窩裡好煩惱，
真是一隻糊塗鳥。

兒歌教材教法：

學習目的	引起動機	延伸活動
啟發小朋凡事要勤勞，解決問題才沒有煩惱。	報告自己懶惰經驗的後果。分享聰明點子的樂趣。	提供一個方向，想出不一樣的處事方法。

30　十二生肖

虎爺爺，愛看戲，

老鼠表演捉小雞，

牛羊馬兒變把戲，

龍頭蛇尾真滑稽。

小猴子，翻筋斗，

小豬小狗拍拍手，

兔子上前來報告；

十二生肖全來到。

兒歌教材教法：

學習目的	引起動機	延伸活動
了解生肖的意義（人之所生年，定其所屬的動物稱為生肖）。	談個人生肖引起。向父母詢問自己的生肖。	1. 製作生日圖，為小朋友生日慶生。 2. 化妝舞會：小朋友自製面具，或在臉上化妝成自己最為喜愛的動物（不一定要和生肖動物有關）。 3. 可利用這首兒歌唸數來寶，只要最後一句後面加上「呀！來到」。

31 認養盆栽

校園裡，有盆栽，

花枝上，掛名牌，

認養一盆來照顧，

除草澆水自己來。

風吹吹，太陽曬，

長出嫩芽好可愛。

兒歌教材教法：

學習目的	引起動機	延伸活動
培養責任感，親身體驗栽種植物的經驗。	老師購買幾株小花苗，向小朋友介紹。為小朋友示範栽培花苗的方法。	1. 開闢小花圃或小菜園。 2. 小白菜長大後，會有小菜蟲，師生共同收集小菜蟲，可以經由飼養過程中，了解菜蟲由吐絲→結繭→成為粉蝶的情形。

32 樹　屋

我家有棵大榕樹，

樹上蓋了小木屋，

有窗有門有地鋪，

空氣新鮮真舒服，

住在裡面好享福。

兒歌教材教法：

學習目的	引起動機	延伸活動	貼心話
滿足小朋友快樂的心情及好奇心。	從樹上的鳥窩談起。	1. 美術：「假如我是一棵大樹」——鼓勵小朋友想像自己是棵大樹，要如何發揮樹的功能。 2. 玩積木：分工合作蓋房子。	「我家」也可改為「學校」或「公園」等。

33 大家來種樹

樹木長大真厲害，

擋土牆，防水災，

蓋成房屋不怕曬，

樹陰底下也涼快，

做成玩具人人愛。

樹的用途真不少，

想要種樹大家來。

兒歌教材教法：

學習目的	引起動機	•延伸活動	貼心話
了解植樹節的意義及樹木的用途。	由談話引起（例如：誰家門前有種樹⋯⋯）。	1. 舉行親子玩具大展（強調以木質玩具為主）。 2. 帶領小朋友種樹或種花。	為了衛生，最好不要共用擦手巾，如能用擦手紙巾比較安全，為了不浪費，紙巾用過後，可以晾乾當美勞材料（例如：揉紙球作立體造型，或染色後作撕紙工，或做成紙漿作再生紙⋯⋯等）。

34 生來就是好朋友

後山有個水果園，
桃樹李樹排兩邊。
他們樹枝互相繞，
拉不開，切不掉。
握得緊緊不分手，
生來就是好朋友。

兒歌教材教法：

學習目的	引起動機	延伸活動
鼓勵小朋友互相成為好朋友。老師可示範握手的禮貌。	1.尋找兩棵樹，樹枝相連的情形。 2.利用圖片觀察（老師亦可自行拍下看到的現象供小朋友觀賞）。	1.到戶外寫生：找一棵認為最喜歡的樹，把它畫下來。 2.在圖畫紙的中間畫一條橫線，請小朋友畫地上面的樹及地底下的樹根（可取名為「地上、地下」）。

35 西瓜田

瓜田裡，種西瓜，

西瓜藤，滿地爬。

西瓜圓，西瓜大，

搬不動，叫媽媽，

嗨唷嗨唷抬回家。

請來爸爸切西瓜，

吃得全家笑哈哈。

我用瓜皮洗洗臉，

皮膚漂亮像朵花。

兒歌教材教法：

學習目的	引起動機	延伸活動
了解西瓜生態；感受農民快樂溫馨的家庭生活。	水果點心——吃西瓜談起。	美勞： 1. 在吹好的汽球上彩繪西瓜或其他圖案。 2. 在室內布置一瓜藤的情境，把彩繪的水果布置在瓜藤上，再剪一些葉子貼上(可師生合作)。

36 種 稻

田裡伯伯，

辛苦種稻，

插秧灌水，

除草施肥。

日出日落，

早出晚歸，

又忙又累，

為了誰？

兒歌教材教法：

學習目的	引起動機	延伸活動
了解農民種稻的辛苦，鼓勵小朋友珍惜五穀雜糧。	1.科學角（區）提供各種雜糧、食物供小朋友觀察。 2.利用圖片說明農民的辛苦作息。	1.到校外附近參觀農田菜園。 2.利用長方形花器培植秧苗，秧苗長大後，再種植在泥土裡（視校園環境而定）。

37　　　　　　　　收　成

地下生根，
愈長愈深。
地上稻莖，
直直挺挺，
串串稻穗，
碾米成堆，
我們吃飯，
感謝誰？

兒歌教材教法：

學習目的	引起動機	延伸活動	貼心話
了解稻穗成長情形。同時對付出努力的人們要心存感恩的心。	檢討飲食習慣及用餐情形談起。	收集稻草，製作稻草人（如收集不易可以舊報紙替代）。	舊報紙的油墨有微毒，使用舊報紙後要用肥皂洗手。

38　快樂的兒童節

四月四日兒童節，
媽媽帶我去逛街，
買了玩具又買鞋，
買本新書送姊姊，
開開心心說「謝謝」！
過個快樂兒童節。

兒歌教材教法：

學習目的	引起動機	延伸活動	貼心話
滿足小朋友過節的快樂心情，並且對父母的付出心存感恩的心。	由翻日曆引起。	1.帶玩具來校，交換著玩。 2.舉辦玩具跳蚤市場。	要強調知足，而且每個家庭都不一樣，以免造成不平衡的「比較」心理。

39 清明節去掃墓

清明節，去掃墓，

過小橋，爬山坡。

到了墓園看一看，

杜鵑花，好漂亮！

雜草太多怎麼辦？

爸爸帶頭大掃除，

全家忙得團團轉。

打掃乾淨好清爽，

鮮花水果全擺上，

燒香跪拜忙一場，

紀念祖先不能忘。

兒歌教材教法：

學習目的	引起動機	延伸活動
培養小朋友不忘祖先情，對祖先要心存感恩。	由一張祖父母遺照談起。或由小朋友報告掃墓經驗談起。	1. 請小朋友向家長為他們敘述祖先軼事。 2. 請小朋友帶祖先遺照一張，分享祖先的故事。

40 我的媽媽

（母親節）

香什麼香？媽媽的身體香，

靠在懷裡好溫暖。

細什麼細？媽媽的心最細，

愛護我，甜蜜蜜。

長什麼長？媽媽的愛最長，

永遠永遠不會忘。

大什麼大？媽媽的手最大，

照顧全家笑哈哈！

兒歌教材教法：

學習目的	引起動機	延伸活動
了解母親角色對家庭的重要，啟發小朋友要敬愛媽媽，做個孝順好孩子。	由報告媽媽日常生活情形談起。	1.畫媽媽的髮型。 2.畫媽媽常穿的衣服，常用的皮包。 3.畫媽媽的項鍊或首飾（可用圖案畫呈現）。 4.作品展覽：「媽媽國」或「我的媽媽」。

端午節

五月五，過端午，

包粽子，插菖蒲，

划龍船，來慶祝，

雄黃酒，驅五毒。

粽子好吃香包香，

敲鑼打鼓咚咚響，

歡歡喜喜過端陽。

兒歌教材教法：

學習目的	引起動機	延伸活動
使小朋友了解端午節的習俗。	1.由報告媽媽包粽子或做香包引起。 2.老師展示粽葉、菖蒲、香包等實物引起討論。	1.在沙池（或沙箱）練習用粽葉包粽子。 2.指導小朋友做香包。 3.實驗：為什麼鹹的水會使蛋浮起來。

42　教師節

　　教師節是九二八，
　　紀念孔子學問大。
　　我們老師很辛苦，
　　大家一起來祝福。
　　感謝老師的教導，
　　祝福老師沒煩惱，
　　永遠快樂身體好。

兒歌教材教法：

學習目的	引起動機	延伸活動
啟發小朋友學習孔子的精神：好學、好問、待人謙和。培養小朋友敬愛師長、有禮貌、努力向學。	由說孔子生平故事引起。	鼓勵小朋友大量閱讀，讓小朋友借書回家，推行親子共讀。

43 老師像媽咪

（教師節）

我的老師了不起，
每天安排玩遊戲，
花樣新鮮很有趣，
從來不會發脾氣，
讓我發現又學習，
受到稱讚更努力，
老師真好，我愛你，
像朋友，也像媽咪。

兒歌教材教法：

學習目的	引起動機	延伸活動	貼心話
1. 教育小朋友尊師重道。 2. 提醒老師對小朋友應有耐性，以愛心、耐心贏得小朋友對老師的尊重，而不是以老師地位去爭取小朋友的尊重。	由小朋友提出對老師的看法引起（以開放式的態度，絕不宜帶一絲絲壓力）。	素描：「我的老師」。	小朋友圖畫不宜作好壞比較，素描尤其不宜強調像不像，只要畫出一點特徵就給予鼓勵，以免美術細胞遭到扼殺。

44 放暑假

（暑假到了）

放暑假，到鄉下，

表哥帶我去玩耍。

遊山玩水摘野花，

溪邊撈魚又撈蝦，

噯呀呀！

　　那邊有隻大黑馬，

表哥說：

　　那是水牛不是馬，

　　笑得肚皮快爆炸。

兒歌教材教法：

學習目的	引起動機	延伸活動
期望家長能善用孩子的暑假，都市的孩子應該利用暑假到鄉下走走。鄉下的小朋友也應該利用暑假到都市參觀一些博物館、植物園、動物園等。	由報告假期生活談起。	趣味活動： 1.玩騎馬打戰遊戲。 2.玩釣魚活動。

45 　誰是魔術師？

變變變，誰在變？

地上垃圾全不見。

變變變，誰在變？

天上烏雲變不見。

變變變，誰在變？

小小麥子變成麵。

變變變，怎麼變？

我們一起去發現。

兒歌教材教法：

學習目的	引起動機	延伸活動
培養小朋友樂於求證的學習態度，以及啟發對周遭環境變化的好奇心，同時對各行各業的人，心懷感恩。	從談談日常生活有哪些事物在改變引起。	小小魔術師大會串：每位小朋友將自己打扮成自己心目中的角色，並輪流報告：我是菜菜，我會把××變成×××……，最後大家再上伸展台走秀，展示個人的化妝技巧。

46 月亮的故事

（中秋節）

好多人說：

　　月亮娘娘真漂亮，

　　甜甜臉兒仙女裝，

　　黑黑頭髮細又長。

太空人說：

　　月亮娘娘真難看，

　　麻子臉兒洞洞裝，

　　連根頭髮也不長！

兒歌教材教法：

學習目的	引起動機	延伸活動
培養小朋友想像力及趣味性。	由掛圖中研討月亮有圓缺；以月亮的不同形狀引起討論。	鼓勵小朋友晚間讓父母陪同到戶外看月亮，再把每日所看到的月亮形狀畫下來，一個月後比較其形狀的變化。

47

過新年

新年到，放鞭炮，

敲鑼打鼓好熱鬧。

吃湯圓，包水餃，

團圓飯，吃年糕。

磕頭拜年拿紅包，

恭喜大家新年好，

大了一歲更要好，

相親相愛抱一抱。

兒歌教材教法：

學習目的	引起動機	延伸活動
了解過舊曆年民間習俗及禮貌；感覺過年的氣氛。	報告街頭巷尾準備過年的氣氛，或自由發表大了一歲有什麼願望談起。	1. 舉行全校大掃除，推行除舊佈新活動。 2. 舉辦二手衣及二手玩具跳蚤市場。將義賣所得捐給慈善機構（必須邀請家長全力配合行動）。

48　愛漂亮的日曆

小日曆，愛漂亮，
每天要換新衣裳，
過完一年換光光，
明年還要換新裝；
天天換，不嫌煩，
是不是要告訴我，
當天的事要做完。

兒歌教材教法：

學習目的	引起動機	延伸活動
勉勵小朋友今天的事今天做，不宜等到明天，做事也應有始有終。同時明白日曆代表著一年三百六十五天，每天都是新的開始。	由撕日曆談話引起。	1. 製作小朋友的每日畫到圖，畫下出席的符號，自由創作，畫什麼都可以。 2. 研討如何達到「日行一善」。

下雨天

C 2/4

下雨天　路滑滑　毛毛細雨　濕答答

害我不能　去玩耍　太陽呀　出來吧

請你把雨　趕回家　媽媽可以　曬衣服

我也可以　去玩　耍

抓空氣

F 2/4 輕鬆活潑

塑膠袋　空中搖　抓到空氣　要捏牢

漲鼓鼓　輕飄飄　沒顏色　沒味道

一鬆手　全跑掉　空氣你往　哪裡逃

我　要　再　去⋯⋯⋯⋯找　一　找

春天到

B 4/4

春天 來了 我 最 愛　紅 花 白花　朵 朵 開

蝴蝶 蜜蜂 也 飛 來　牠 們 三 餐 被 招 待

花 汁 是 湯　花 粉 是 菜　東吃西吃好自 在

美麗的春天

B 4/4

圓圓的太陽　瞇 瞇 笑　樹上的芽兒　往 外 冒

地上的小草　換 綠 袍　花兒香鳥兒叫蝴蝶蜜蜂湊熱鬧

洞裡的蛇也出來瞧 哦 ⋯⋯⋯ 美麗春天 已 來 到

秋天的風

C 4/4 慢板

風呀風呀歇會吧　吹得樹葉沒有家

吹得蟲兒唧唧喳　吹散我的長髮

吹得風鈴掉地下　只有天上的風箏

飄呀飄呀看　笑　話

小水滴

A 2/4

小 水 滴　　圓 又 亮　　陽 光 底 下　　像 水 鑽

小 水 滴　　真 好 玩　　荷 花 葉 上　　團 團 轉

大 顆 小 顆　　數 不 完 溜 進 水 裡 找　　同 　伴

彩虹

C 4/4

太陽　天空照　風吹白雲飄

小雨　紛紛下　出現彩虹橋

顏色　真美麗　大家快來瞧

大公雞

F 4/4

（雞叫）喔喔喔……有隻大公雞　身穿五彩衣　頭上戴皇冠

漂亮又好看　聲音好宏亮　會叫人起床　喔喔喔…

（學雞叫）

胖小豬

C 4/4

小豬小豬 胖嘟嘟　一個腦袋圓呼呼　唱起歌來呼嚕嚕

好像爸爸在打呼　走起路來扭呀扭　左一扭　右一扭

扭來扭去扭來扭去　扭扭扭扭扭呀扭呀　扭　扭　扭

※為了營造曲的趣味……唱熟了以後，先慢慢唱，然後速度加快，愈唱愈快可滿足小朋友挑戰的樂趣。

魚兒本領好

C 4/4

小小 魚兒 本 領好　　不用 吸 管

和 肥 皂　就 會 自 己　吹 泡 泡

翻 筋 斗　打 水 漂　甩甩 尾巴 扭 扭

腰　　　不 閉 眼 晴 不 睡 覺

精 神 還 是 那 麼　　　好

啄木鳥

C 4/4

啄木鳥　本領好　替樹看病　先敲敲

咄咄咄咄咄　咄咄咄　聽聽聲音　就知道

找到害蟲抓來吃　吞到肚裡再去找

啄木鳥呀啄木鳥　你這醫生好勤勞

小山羊

F 4/4

小山羊　身體壯　爬山坡　一級棒

吃吃草　玩一玩　吃再多也不胖　吃飽了躺一躺

曬曬太陽懶洋洋　咩咩咩　咩咩咩還會一起大合唱

生來就是好朋友

F 4/4

後 山有個水果園　桃樹李樹排兩 邊　它們 樹枝互相繞

拉不開也 切不掉　握 得 緊　不分 手　啦啦 啦啦啦

啦 啦 啦〈好好喲〉生 來 就 是 好 朋　友
（道白）

鹿寶寶

C 2/4

鹿媽媽　鹿寶寶　森林裡

慢慢跑　鹿寶寶　愛撒嬌

跪著要求　媽媽抱　悄悄走近

才知道　原來跪著　在吸奶

好可愛的　鹿寶　寶

快樂的兒童節

C 2/4

四月四日兒童節　媽媽帶我　去逛街

買了玩具又買鞋　買本新書　送姊姊

開開心心說謝謝　過個快樂　兒童節

愛漂亮的日曆

C 4/4

小 日 曆 愛 漂 亮 每 天 要 換 新 衣 裳

過 完 一 年 換 光 光 明 年 還 要 換 新 裝

天 天 換 呀 不 嫌 煩 是 不 是 要 告 訴 我

（白：讓我想一想）（哦！想到了！）當 天 的事 要 做 完！

第二輯

日常生活兒歌

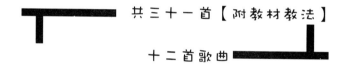

共三十一首【附教材教法】

十二首歌曲

1 向媽媽道歉

媽媽呀！對不起，

把你口紅當蠟筆，

又把蜜粉和稀泥，

害你頭痛又生氣。

都是自己太頑皮，

我把屁股交給你，

打幾下，隨便你，

只要媽媽消消氣。

兒歌教材教法：

學習目的	引起動機	延伸活動
教導孩子知錯能改。	1. 報告曾經惹媽媽生氣的經驗。 2. 報告曾經逗媽媽高興的經驗。	美術創作：繪製各種情緒臉譜（喜怒哀樂、滑稽、貪吃相、貪睡相等）。

2 爸爸力氣大

爸爸力氣大，
一手抱著我，
一手抱媽媽。
胳臂讓我盪，
肩膀讓我爬，
還當我的馬，
騎著笑哈哈。

兒歌教材教法：

學習目的	引起動機	延伸活動
感覺親情的溫馨、父親的愛，提醒小朋友也應對爸爸有感恩的心。	由談話引起：報告爸爸在家中的生活點滴。	1.抬轎子遊戲：兩個小朋友面對面，互相搭手，一位小朋友坐上去讓他們抬著走，再繼續輪流。 2.舉辦親師聯誼活動，請家長表演才藝。

3　爸爸的安心包

爸爸有個大背包，
裡面全是他的寶，
媽媽叫它「安心包」，
爸爸聽了哈哈笑：
「這個名字取得好」。
每天背它去上班，
事情一定忙不完。

兒歌教材教法：

學習目的	引起動機	延伸活動
提醒小朋友，每個人要自己整理書包，自己背，不宜凡事要父母代勞。	討論小朋友的書包引起。	1.背包包競走活動。 2.神祕袋：裡面放幾樣東西，讓小朋友輪流伸手到袋內摸東西，猜出東西名稱後，再拿出來看看是否猜對了（培養觸覺辨識能力）。

4 蹦蹦跳跳

爸爸扶，我來跳，

一跳一跳再一跳，

蹦蹦跳跳跳得高，

跳到天上摘仙桃。

我的爸爸很辛苦，

送給爸爸補一補。

兒歌教材教法：

學習目的	引起動機	延伸活動
感受爸爸角色的重要，能做孩子的玩伴，珍惜孩子的金色童年。	請小朋友報告曾經跟爸爸玩遊戲的經驗。	1. 親子遊戲，老師在校示範，再請小朋友回去教爸爸如何跟他們玩（例如：小朋友兩腳踩在老師腳背上，彼此手牽手，大人移動腳步或後退，小朋友自然就跟著移動）。 2. 鼓勵小朋友立定跳遠。

5　老奶奶

老奶奶，眼花花，

看東西，霧煞煞（台語），

穿針引線沒辦法。

看到皮鞋她就怕，

說是黑狗會咬她，

看到爸爸叫客人，

請他坐下喝杯茶。

奶奶記性實在差，

我們拿她沒辦法。

兒歌教材教法：

學習目的	引起動機	延伸活動
教導小朋友家中老人視力、聽力、體力都逐漸退化，要懂得體諒老人家。	由報告家中的爺爺奶奶引起。	1. 報告在家中以什麼實際行動愛自己的爺爺奶奶。 2. 「日行一善」，每日至少熱忱的為老人家做一次服務。

6 小車迷

小寶最愛小車車，
他的玩具全是車，
每次坐上爸爸車，
看到窗外叫著車，
喜美、福特、賓士車，
還有 BMW 和娃娃車。
不知他腦袋裡面，
到底裝下多少車？

兒歌教材教法：

學習目的	引起動機	延伸活動
學習認識各種車輛的名稱、特徵、培養敏銳的辨識能力。	報告家中有多少玩具車，或父母交通工具是什麼車引起討論。	請小朋友把家中的各式汽車玩具帶來分享。可經由討論後，將車子分類，布置成為「車子玩具展覽」並邀請其他班級來參觀。

7 發言要舉手

（團體討論）

我說話，你在聽，

你說話，我安靜，

討論問題要專心。

搶著說話沒禮貌，

吵得大家聽不到。

舉手輪流說清楚，

聽得明白又舒服。

兒歌教材教法：

學習目的	引起動機	延伸活動
引導小朋友團體討論時要舉手發言，同時培養耐心聽的態度。	由團體討論時，小朋友搶著說話引起。	1. 推行聽話與說話的禮貌運動。並作自我評量。 2. 舉辦說故事或說笑話活動。

8 好習慣

進門以前，
鞋底踏踏，
抖掉灰塵，
甩掉泥巴。
隨手關門，
輕輕說話。
玩好玩具，
送它回家。

兒歌教材教法：

學習目的	引起動機	延伸活動
培養良好生活習慣。	由談話引起（例如：鞋底黏了泥巴如何處理？）。	1.整理鞋櫃。 2.穿大鞋競走。

9 行的安全

大街上，真熱鬧，

大車小車跑呀跑，

警察叔叔吹口哨，

左邊看，右邊瞧，

紅燈綠燈要看好，

走在人行道，

安全最可靠。

兒歌教材教法：

學習目的	引起動機	延伸活動
提醒小朋友過馬路要注意安全，應該走人行道。	由討論上街過馬路的經驗引起。	1. 製作交通號誌及交通標誌，讓幼兒學習交通號誌及標誌的意義。 2. 帶領小朋友觀察馬路交通情形（回校再討論見聞）。 3. 模擬交通警察指揮交通，在校園裡，小朋友利用紙箱做成汽車（去掉底層，提著紙箱車子過馬路）以及扮演行人走斑馬線等（模擬時可猜拳或輪流玩）。

10　運動身體好

睡得早，起得早，

還要天天做體操。

點點頭，彎彎腰，

踏踏腳，跳一跳。

運動運動身體好，

身體好了精神好，

精神好了頭腦好，

工作快樂心情好，

做個健康好寶寶。

兒歌教材教法：

學習目的	引起動機	延伸活動
期勉小朋友能早睡早起多運動。因為凡有了體力，才有耐力，有了耐力才有專注力，有了專注力，學習效果才會好，學校應多安排體能運動。	討論晨操運動心得引起。	舉辦親子運動會。

11 一天的生活

自己起床不用叫，

吃完早餐撒撒嬌，

抱抱媽媽你真好！

穿好衣服背包包，

說了再見去學校。

老師同學大家早，

工作遊戲餵小鳥，

一天生活真美好。

兒歌教材教法：

學習目的	引起動機	延伸活動
學習為自己的生活作計畫（規律生活宜從小培養）。	老師向小朋友先報告自己一天的生活作息引起。	研討一天的生活： 1.最喜歡做什麼活動？ 2.交到幾位朋友？ 3.學到什麼本領？ 4.做了哪些得意的（滿意的）事情？ 5.樂意把「心事」或「快樂」與誰分享？

12 指甲藏細菌

指甲沒剪又沒洗，

藏了細菌髒兮兮。

趁著小孩吃東西，

細菌溜進肚子裡，

它在裡面玩遊戲，

又吃又喝笑嘻嘻，

小孩痛得哭哭啼。

兒歌教材教法：

學習目的	引起動機	延伸活動
鼓勵小朋友注意常洗手及指甲的清潔，並示範正確洗手方法。	請小朋友檢查自己的指甲是否乾淨引起討論。	1. 美術活動：蓋手印、指印畫、色糊畫等。 2. 請父母把小朋友剪下的指甲放在紙上用透明塑膠紙黏起來，一段時間後，剪下的指甲愈來愈多，可以發現指甲也有生命，不剪會一直長。

13 玩紙球

揉紙球，捏紙球，
做了許多圓圓球。
一二三四五六七，
抓個紙球丟牆壁，
胳臂愈甩愈有力。
再把紙球堆成堆，
對著紙球用力吹；
吹得紙球到處飛。
玩過紙球全收好，
這個習慣要記牢。

兒歌教材教法：

學習目的	引起動機	延伸活動
手眼協調練習，增進遊戲的趣味，同時藉機培養計算能力。	討論美勞區許多碎紙屑如何處理，引發揉紙球的動機。	1.計算各人揉了多少個紙球。 2.地上畫一個圓圈（可用彩色粉筆，易擦拭）把紙球在圈中堆成堆，小朋友用紙球在圈外丟擲圈內的紙球，若被彈到外面，算自己贏來，最後計算誰最多。

14 快樂的孩子

快樂的孩子走到東，

　　看書畫圖好用功。

快樂的孩子走到西，

　　待人總是很和氣。

快樂的孩子走到南，

　　知錯認錯最勇敢。

快樂的孩子走到北，

　　睡覺不用媽媽陪。

快樂的孩子到誰家？

　　大家都會歡迎他。

兒歌教材教法：

學習目的	引起動機	延伸活動	貼心話
鼓勵小朋友做一個身心快樂又得人緣的小孩。	由小朋友報告自己曾經快樂，也使別人快樂的經驗談起。	每位小朋友想一個能使自己快樂也使別人快樂的點子。	老師或父母，也需要以快樂的心情面對問題。

15　去旅行

天氣晴，去旅行，

背水壺，帶點心。

郊外風景我最愛，

採了標本裝口袋。

聽到老師吹口哨，

大家趕快去報到，

果皮紙屑全收好，

保持乾淨最重要。

兒歌教材教法：

學習目的	引起動機	延伸活動
提醒小朋友到校外郊遊應注意的事項。	向小朋友說明去旅行時應注意的安全問題引起。	舉辦一次圍爐之夜，大家自由談天說地，再一人一支小手電筒，到校園附近探險，觀察天上的星星月亮，看看樹的倒影，聽聽草地上的蟲鳴，會有個不一樣的生活體驗（都市兒童更應藉機會到郊外辦一次類似活動）。

16 一起走

手拉手，手拉手，
拉個圓圈慢慢手，
往左走，走走走，
往右走呀走走走，
向圈內，走呀走，
退後踏腳拍拍手，
一二三，好神氣，
轉個圈，行個禮，
相親相愛手拉手，
大家一起走走走。

兒歌教材教法：

學習目的	引起動機	延伸活動	貼心話
增進小朋友之間的友誼。	由韻律活動引起。	由拉圓圈走走走的活動中，鼓勵小朋友自創動作、集思廣益，創造不同的動作（例如伸到圈內拍拍手，再向圈外拍拍手等）。	每當小朋友情緒太高昂，或秩序有點亂時，利用這個律動可穩定小朋友情緒，也可當作是收心操。

17 遵守遊戲規則

我們都是好朋友，
遊戲規則要遵守，
先玩後玩要輪流。
「贏了拍拍手，
　輸了加加油。」
遊戲很好玩，
輸贏不要管，
下次再來玩。

兒歌教材教法：

學習目的	引起動機	延伸活動
教育小朋友，一起玩遊戲，雖然有輸贏，但也不宜傷了和氣，強調友誼的重要。	報告跟好朋友一起玩的經驗，遇到情緒不好時，如何排解談起。	1.全體小朋友共同協商遊戲規則。（老師角色是仲裁者）經由大家同意後，理當遵守。 2.指導小朋友棋藝遊戲（如五只棋、象棋等）。

18 好朋友

好朋友，真有趣，

玩玩具，讓來讓去，

有心事，說來說去，

在一起，愛來愛去，

說話時，和和氣氣，

玩遊戲，歡歡喜喜。

兒歌教材教法：

學習目的	引起動機	延伸活動
鼓勵小朋友要謙讓、坦誠、相互尊重等良好社會行為，方能贏得友誼。	由介紹自己的好朋友是誰引起。	1. 成立聊天區：供小朋友談天說地。 2. 成立隱密區：可以躲在裡面說悄悄話（小朋友最喜歡把自己藏起來，也喜歡與同伴聊天，這兩個區最能滿足他們情緒的抒發）。

19 笑得夠，玩得夠，愛得夠

(一)「笑得夠」，有什麼好？

　　笑口常開精神好！

(二)「玩得夠」，有什麼好？

　　玩出聰明頭腦好！

(三)「愛得夠」，有什麼好？

　　愛出自信人緣好！

　　大家一起愛，快樂永遠在！

兒歌教材教法：

學習目的	引起動機	延伸活動
讓孩子有個快樂童年，人格發展才得以健全。而情緒是否穩定，更是影響快樂與否的泉源。	由研討每位小朋友當下的心情談起。	1.請小朋友每人想一則笑話與同學分享。 2.請小朋友們共同寫一封信去慰問孤兒，把表示關懷的話說出來，由老師代筆，再捐獻一些零用錢和信一併送去（請老師攜同兩三位小朋友代表去慰問）。

20 迷路怎麼辦？

王小妹，上市場，

迷了路，沒人管，

打電話，沒銅板。

找警察，又不敢，

心怕怕，腿軟軟，

小朋友，想一想；

你說她該怎麼辦。

兒歌教材教法：

學習目的	引起動機	延伸活動
提醒小朋友不可一個人過馬路，萬一跟父母上街時走失了，應該勇敢去找交通警察幫忙。	討論上街情形。	1. 學校應安排小朋友參觀附近警察局或派出所，警員們都會樂意招待小朋友，並說明一些簡要的交通安全問題。 2. 邀請警員先生到校為全體小朋友講述交通安全問題（大班小朋友可扮演小記者，訪問警員先生）。

21 過生日

蛋糕上，點蠟燭，

過生日，來祝福，

許過願，吹蠟燭。

唱首生日快樂歌，

拍拍手，笑呵呵，

這種日子最快樂。

兒歌教材教法：

學習目的	引起動機	延伸活動
為孩子過慶生，是肯定孩子存在的價值，使孩子了解生命的可貴，進而對朋友關心。	從談當月有幾位小朋友過生日談起。	利用各種素材及收集來的空盒等，製作蛋糕模型。或全體小朋友合作，利用大紙箱做個巨大的蛋糕模型。

22 頭 部

一個頭，兩隻眼，

兩個耳朵站兩邊。

一個鼻子會呼吸，

一張嘴巴吃東西。

兩排牙齒最厲害，

好像一部絞碎機。

兒歌教材教法：

學習目的	引起動機	延伸活動
1.了解頭部的五官。 2.學習運用「個」、「張」、「排」、「部」等單位用語。	由自畫像的評量談起。	1.玩大家來扮鬼臉或滑稽臉。 2.全身節奏運動（最好配合音樂，從頭部、肩膀、腰部、臀部及四肢運動）。

23 牙　齒

我的牙齒小又白，
安安靜靜坐兩排。
吃東西，靠它咬，
嚼碎碎，消化好。
早晚幫它洗洗澡，
常常檢查沒煩惱。
沒有口臭人人愛，
沒有蛀牙最可愛。

兒歌教材教法：

學習目的	引起動機	延伸活動
輔導小朋友了解口腔衛生的重要。	安排口腔檢查引起。	1.請牙醫到校，為小朋友作口腔檢查。 2.票選「美齒寶寶」活動。

24 左右腳

新皮鞋，真漂亮，
左腳右腳穿穿看，
噯呀呀！
　好像兩腳向外彎，
　為什麼，會這樣？
　請大家來想想看。

兒歌教材教法：

學習目的	引起動機	延伸活動
教導小朋友認識左右腳，指導穿鞋的方法。	由韻律活動「拍拍手，踏踏腳」談起如何分辨左腳右腳。	猜腳丫遊戲：請幾位小朋友站在布幕後面露出腳丫，供小朋友猜，是左腳還是右腳，或是誰的腳丫。

25 　奇妙的眼睛

奇妙真奇妙；

　　眼睛張開就知道，

好玩真好玩；

　　眼球還會轉轉轉。

稀奇真稀奇：

　　怎麼你眼裡有我？

　　我的眼裡也有你？

兒歌教材教法：

學習目的	引起動機	延伸活動
啟發小朋友不但要保護眼睛，而且還要做眼球運動。鼓勵小朋友眼睛應定期做檢查。	觀察閃示卡「請問看到了什麼？」再討論到眼睛的功用引起。	1.兩人面對面，觀察對方眼球中的影像。 2.表演各種眼神的表情。

26 我會長大

我在慢慢地長大，
兩行鼻涕自己擦，
自己跌倒自己爬。
交新朋友不害怕，
會看書，也會畫畫。
有一天：
我會長得又高又大，
要做很多事，
去幫助大家。

兒歌教材教法：

學習目的	引起動機	延伸活動
啟發小朋友自我期許，自我勉勵。	請小朋友說說自己未來的願景。	1. 每位小朋友提供一件嬰兒時期跟現在的照片展示在揭示板上，成為過去與現在的對比，每人再敘說嬰兒時的記憶點滴，小時候的趣事與同學分享。 2. 帶自己嬰兒時穿不下的小鞋、衣服等來校，了解自己長大了的意義。

27 有用的瓶子

空瓶子，亮晶晶，
裝些水，擺客廳，
插上幾朵康乃馨，
變成美麗的花瓶。
香味陣陣飄過來，
全家人都好開心。
瓶子還能變什麼？
請你動腦來發明。

兒歌教材教法：

學習目的	引起動機	延伸活動
培養小朋友動手動腦，發揮創作能力。	由一個美麗的花瓶談起。並請小朋友一起收集家中的空瓶。	1. 美勞活動：將收集的各種瓶子，做成各種不同造型。例如：做瓶子娃娃，或替瓶子彩繪、包裝等。 2. 數學遊戲：將收集來的瓶子，玩序列活動，例如由大排到小，或由胖到瘦、由高到矮等。

28

夢想家

我有好多個夢想：

「到海裡看魚，

到天上玩耍，

和星星跳舞，

和月亮說話，

抓住雨水當滑梯，

溜到河裡去撈蝦。」

實在愈說愈好玩，

謝謝我的腦袋瓜，

讓我成為夢想家。

兒歌教材教法：

學習目的	引起動機	延伸活動
啟發小朋友思考、想像及創造力。	從小朋友報告自己做夢談起。每個人也有白日夢。	請小朋友畫出自己未來的夢想世界。

29 夢 話

媽媽長鬍鬚，
爸爸沒頭髮，
哥哥變老鼠，
妹妹變鴨鴨。
我在天上飛，
飛上葡萄架。
跌得趴地下，
大叫我的媽，
嚇醒才知道，
自己說夢話。

兒歌教材教法：

學習目的	引起動機	延伸活動
創造幽默感，增進孩子喜感與活潑。	每人報告一則自己做夢的經驗。	畫「我的夢」。

30　乞丐王子

小王子，愛流浪，

身穿一件破衣裳，

不睡床，睡地上，

不吃飯，不喝湯，

不運動，不愛玩，

人瘦瘦，臉黃黃，

士兵找他見國王，

請來醫生看一看，

打針吃藥不好玩，

以後不再去流浪。

兒歌教材教法：

學習目的	引起動機	延伸活動
啟發小朋友知道有父母疼愛的可貴。	報告家中父母對孩子悉心照顧的情形。	舉辦野營活動，讓小朋友學習洗澡、生火、做飯菜（大人從旁指導）等機會。

31 傑克的故事

傑克種豆豆，

豆豆長藤蔓，

長到白雲上，

傑克爬上天，

走進小宮殿，

巨人在打鼾，

母雞生金蛋。

傑克抱母雞，

爬下長藤蔓，

巨人醒來追，

藤蔓被砍斷，

巨人摔倒在地上。

兒歌教材教法：

學習目的	引起動機	延伸活動
鼓勵小朋友喜愛閱讀故事書，面對危險要膽大心細。	由說故事引起。	每人各自栽培一種植物，美化教室。

小謎語三則

請猜猜看是什麼？

【一】

有樣東西請你猜，
朋友沒來心意來，
打開仔細看一看，
事情全寫在紙上。

☞ 謎底：信

【二】

遠看像一個燈籠，
近看也像個燈籠，
看來看去像燈籠，
上面卻有許多洞。

☞ 謎底：破燈籠

【三】

有樣東西不像腳，
會滾又會跑，
有大也有小，
沒有它，
大車小車跑不了。

☞ 謎底：輪胎

爸爸力氣大

C 4/4

爸爸力氣大 一手抱著我 一手抱媽媽

胳臂讓我盪 肩膀讓我爬 還當我的馬

快跑 快快跑 快快快快跑騎著 笑哈哈

蹦蹦跳跳

B 2/4

爸爸扶 我來跳 一跳一跳又一跳

蹦蹦跳跳 跳得高 跳到天上 摘仙桃

我的爸爸 很辛 苦!(道白)爸 爸

我愛你 送給爸爸補 一 補
(道白)

行的安全

C 2/4

大街上　真熱鬧　大車小車　跑呀跑

警察叔叔　吹口哨　左邊看　右邊瞧

紅燈綠燈　要看好　過馬路走　斑馬線

行人要走　人行道　安全　又可靠

左右腳

C 2/4

新皮鞋　　真漂亮　　左腳右腳　　穿穿看

(白)噯呀呀　　好奇怪　　好像兩腳　　向外彎

(白)為什麼　　會這樣　　請大家來　　猜猜看

（道白……）

好朋友

C 4/4

好朋友 真有趣 玩玩具 讓來讓去
有心事 說來又說去 在一起 愛來愛去
說話時 和和氣氣 玩遊戲 歡歡喜喜

過生日

C 2/4

蛋糕上 點蠟燭 過生日 來祝福
許過願 吹蠟燭 唱首生日 快樂歌
拍拍手呀 笑呵呵 這種日子 最快樂

奇妙的眼睛

C 4/4

奇妙奇妙真奇妙　張開眼睛就知道

好玩好玩真好玩　眼球還會轉轉轉

稀奇真稀奇　怎麼你眼裡有我

我的眼裏也有　你

頭部

D 4/4

一個頭　兩隻眼　兩個耳朵　聽聲音

一個鼻子　會呼吸　一張嘴巴　吃東西

兩排牙齒　最厲害　喀哧喀哧　喀哧喀哧喀哧

喀哧喀哧喀哧喀哧喀哧喀哧喀哧好像一部絞碎機

指甲藏細菌

C 2/4

指甲沒剪 又沒洗 藏了細菌 髒兮兮

趁著小孩 吃東西 細菌溜進 肚子裡

它在裡面 玩遊戲 又吃又喝 笑嘻嘻

小孩痛得 哭哭啼 哭 哭 啼

運動身體好

C 2/4

睡 得 好　　起 得 早　　還 要 天 天　做 體 操

點 點 頭　　彎 彎 腰　　踏 踏 腳　　跳 一 跳

運 動 運 動　身 體 好　　身 體 好 了　精 神 好

精 神 好 了　頭 腦 好　　工 作 快 樂　心 情 好

做 個 健 康　好 寶 寶　　健 康 好　　寶　寶

去旅行

C 2/4

天氣晴，去旅行　背水壺　帶點心

郊外風景　我　最　愛　採了標本　裝口袋

聽到老師　吹口哨　大家趕快　去報到

果皮紙屑　全收好　保持乾淨　最重要

一起走

C 4/4

手拉手　手拉手　拉個圓圈慢慢走

往左走　走走走　往右走呀走走走

向圈內　走呀走　退後踏腳拍拍手

一二三　好神氣　轉個圓圈行個禮

相親相愛手拉手　大家一起走走走

第三輯

數字兒歌

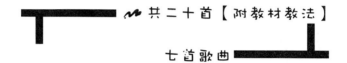

共二十首【附教材教法】

七首歌曲

1

小白狗

一三五七九，

九隻小白狗，

守在大門口。

二四六八十，

會叫又會吃，

ㄨㄤ，ㄨㄤ，ㄨㄤㄨㄤㄨㄤ，

吃得白胖胖。

兒歌教材教法：

學習目的	引起動機	延伸活動
奇數、偶數唱數學習。	由小朋友排隊時唱數引起。	1. 製作十張 1～10 的數字卡，與畫有小白狗的不同數量，玩配對遊戲。 2. 模仿狗叫聲：抽到卡片上有幾隻小白狗，即叫幾聲，如抽到三隻時，叫三聲……。

2 聰明的姊姊

十個壞人十個缸，
一人一個缸裡藏，
姊姊發現不慌張，
為救全家挑水忙，
燒了熱水倒進缸，
燙得壞人叫爹娘。

兒歌教材教法：

學習目的	引起動機	延伸活動	貼心話
1.了解一對一的對應關係。 2.鼓勵小朋友遇事不慌張，要設法應付。	由說阿里巴巴四十大盜的故事引起。	遊戲：運水競走……小朋友利用碗運水，或玩匙球競走，利用一個乒乓球放在湯匙內，手握湯匙競走。	這個遊戲可訓練小朋友專心，重點是千萬勿破壞遊戲氣氛，以免造成小朋友得失太重而引發糾紛。

🖋 匙球競走：小朋友手拿一個湯匙，湯匙裡放一個乒乓球，兩隊小朋友輪流競走，球掉地下算輸。

3 小鳥在樹上

一隻小鳥在樹上，「ㄐㄡ」

兩隻小鳥在樹上，「ㄐㄡ！ㄐㄡ」

三隻小鳥在樹上，「ㄐㄡ ㄐㄡ ㄐㄡ」

一群小鳥在樹上，

「ㄐㄡ ㄐㄡ ㄐㄡ ㄐㄡ ㄐㄡ ㄐㄡ ㄐㄡ

ㄐㄡ ㄐㄡ ㄐㄡ ㄐㄡ ㄐㄡ ㄐㄡ ㄐㄡ！」

兒歌教材教法：

學習目的	引起動機	延伸活動
了解數與量的對應概念。	由摺紙小鳥，或唸手指謠引起（以手勢表演小鳥在飛的情形）。	1. 自由創作：小鳥在樹上唱歌。 2. 勞作：利用黏土製作鳥巢、鳥蛋、或幾隻小鳥睡在鳥巢裡。 3. 團體遊戲：找小鳥（一隻小鳥不見了，一群小鳥飛去找小鳥，將牠找到。輪流換人當失蹤的小鳥）。

4 黑天鵝

一加一是二；

　　看到兩隻黑天鵝。

二加二是四；

　　山上有座大佛寺。

三加三是六；

　　寺裡和尚不吃肉。

四加四是八；

　　買個蜜桃帶回家。

五加五是十；

　　蜜桃送給媽媽吃。

兒歌教材教法：

學習目的	引起動機	延伸活動
啟發小朋友對數學加法的興趣。	由數單數、雙數引起。	唱遊：找朋友。先由一位小朋友，由音樂聲中出來找朋友，由一個朋友，變成兩位，兩位又去各自去找一位變四位……以此類推，音樂聲停全體停止。最後沒有找到朋友的算輸了（由輸的小朋友再帶頭請朋友，可平衡輸的心理）。

5

王小弟買菜

王小弟，去買菜，

買了一斤小白菜，

給十元，找六塊，

給五元，找一塊，

請問一斤多少塊。

兒歌教材教法：

學習目的	引起動機	延伸活動
減法練習。	由認識錢幣談起。	1.速讀練習：利用圖片顯示，說出圖片中有幾隻小動物。 2.猜拳遊戲：玩剪刀、石頭、布，贏的方可取一石頭或花片放在自己容器內，最後計算贏得多少。 3.拓印：拓印錢幣花紋。

6　楊媽媽養了幾隻雞？

楊媽媽養了六隻雞，
一半在籠子裡休息，
一半在籠子外吃米。
「裡面」和「外面」，
各有幾隻雞？
猜對了！

　　　　向你行個禮！

兒歌教材教法：

學習目的	引起動機	延伸活動
培養對算術的興趣，了解「裡、外、一半、全部」等概念。	玩加減遊戲談起。	1. 購買五隻小雞、五隻小鴨在院裡飼養，觀察雞鴨特徵及習性之不同。 2. 玩老鷹捉小雞遊戲。

7 螞蟻找東西

10 隻螞蟻找東西，

20 隻小貓玩遊戲，

30 隻老鷹飛過來，

40 隻小雞快逃開，

50 隻狼狗汪汪叫，

60 隻羊兒嚇一跳，

70 隻猴子翻筋斗，

80 隻螃蟹橫著走，

90 隻小鳥吱吱叫，

100 個小孩上學校。

兒歌教材教法：

學習目的	引起動機	延伸活動
十進位練習唱數，體會唸唱的趣味。	由唱數 1～100 引起。	移物數練習：利用實物，先數個位數，再以五（例：五個五個一數）進位數，然後以十進位數（移物數是將數到的東西，由右移到左）。

8　送你一隻雞

你數一，送你一隻雞。

你數二，送你一隻鵝。

你數三，帶你去爬山。

你數四，教你寫名字。

你數五，帶你去跳舞。

你數六，請你吃塊肉。

你數七，逗你笑嘻嘻。

你數八，再送一隻鴨。

你數九，介紹新朋友。

你數十；

　　送個蛋糕請你吃。

兒歌教材教法：

學習目的	引起動機	延伸活動
練習 1 到 10 數數能力及培養數數興趣。	數每組同學有幾個談起。	改編該首兒歌的韻腳，例如：你數一，送你一隻筆，或歡喜得第一，又如一隻鵝，改為一部車，爬山可以改為爬竹竿……等。唸起押韻又具意義即可。

9　　手指頭

大姆指，胖嘟嘟，

二姆指，會數數，

三姆指，高又壯，

四姆指，愛漂亮，

小姆指，小又短，

最喜歡，摳摳癢。

兒歌教材教法：

學習目的	引起動機	延伸活動
比較大小、粗細、長短，及1～5的序列概念。	手指遊戲，或作手影（需要有燈光配合），或談老師手上戴的戒指引起。	1. 為每隻手指頭取名字，自創故事，發揮創造力。 2. 為手指繪製娃娃臉譜，玩手指偶遊戲。 3. 猜猜看，我的中指在哪裡？（右手把左手指捏在一起，請小朋友找出中指來）

10　大腳丫小腳丫

爸爸腳丫大又長，

我的腳丫小又短。

小小蝸牛沒有腳，

蜈蚣腳丫數不完。

兒歌教材教法：

學習目的	引起動機	延伸活動
比較體積大、小、長、短。啟發「多」和「零」的概念。	由畫腳印引起。	1. 畫自己的腳丫與爸爸的大腳丫比比看。 2. 小朋友們輪流在腳底塗上彩色顏料，在全開圖畫紙由起點走向終點。待乾了以後，再在腳印上畫出眼睛、魚鱗，變成一群魚在紙上游，成為集體創作。 3. 體能活動：在地上學蝸牛以腹部匍匐前進。

11 兩個面孔的布娃娃

布娃娃，好滑稽，

兩張臉兒真稀奇。

前面臉兒笑嘻嘻，

做個鬼臉太滑稽。

後面臉兒哭哭啼，

眉頭皺皺苦分分。

變來變去真有趣。

兒歌教材教法：

教具製作方法	學習目的	延伸活動
製作雙面布偶，各多加一面臉譜，唸到「做鬼臉」時，放下鬼臉的臉譜以配合表情。	了解前、後的方向概念。	做影子剪紙貼畫（利用燈光，把頭部的影子描下來，再用黑色書面紙剪出影子，布置在牆上，請大家猜猜是誰的臉譜影子）。

12 轉轉盤遊戲歌

數字轉盤最好玩，

指針轉到藍色三，

向前三步鼓鼓掌。

指針轉到紅色三，

退後三步繼續玩。

誰先到達算勝利，

最後到達要鼓勵，

加油加油來打氣。

兒歌教材教法：

學習目的	引起動機	延伸活動
前進後退遊戲中，學習加和減的數學概念。	由介紹製作轉轉盤教具引起。	以上是數學轉轉盤，以此類推，可製語文、常識認知等遊戲轉轉盤。

13　雙雙對對

兩隻眼睛亮晶晶，

兩片耳朵聽聲音，

兩個鼻孔管呼吸，

兩邊臉頰ㄆㄨㄇㄇ。（閩南語）

兩個肩膀背包包，

兩邊屁股坐得牢，

兩隻腳丫很會跑。

雙雙對對長得巧。

兒歌教材教法：

學習目的	引起動機	延伸活動
1. 學習「兩」的數詞，也等於「二、隻、對」的意思。 2. 認識自己身體各部分結構與功能。	在穿衣鏡前仔細觀察自己引起。	及時反應遊戲：甲乙兩人面對面，甲先拍手說眼睛，乙馬上反應二，或兩個，甲如拍手說鼻子，乙馬上反應一個，或單個，說錯了，再換人玩。

14 琪琪娃娃

一個娃娃叫琪琪，

圓圓眼睛三角鼻。

半圓形眉毛彎又細，

菱形的小嘴真美麗，

方頭大耳好神氣，

常常都是笑咪咪，

工作認真又努力，

大家都愛小琪琪。

兒歌教材教法：

學習目的	引起動機	延伸活動
從琅琅上口中學習幾何形狀，鼓勵小朋友以小琪琪為榜樣，樂觀進取又有人緣。	由小朋友自畫像引起（每人準備一面鏡子，自己畫自己臉譜）。	1. 請找出室內有圓形、方形、三角形、菱形的玩具。 2. 畫一幅兒歌中琪琪的畫像。 3. 票選（由小朋友）最有人緣的小朋友。

15　小路彎彎

一二三，一條小路彎又彎。

三二一，小路旁邊有條溪。

二三四，溪邊紫藤好多刺。

四三二，游來兩隻大白鵝。

五四三，漁夫手上拿釣竿。

三四五，釣了一天好辛苦。

魚兒沒釣到，回家睡大覺。

兒歌教材教法：

學習目的	引起動機	延伸活動
練習三個數字的順數與倒數，並培養對數詞變化的興趣。	由數字閃示卡速讀練習引起。	1. 為該首兒歌畫插圖。 2. 畫一幅心目中的風景圖（自由創造）。

16 自己擦屁股

一二三四五，
自己擦屁股。
五四三二一，
自己會穿衣。
六七八九十，
吃飯不挑食。
十九八七六，
吃菜也吃肉。

兒歌教材教法：

學習目的	引起動機	延伸活動	貼心話
培養數數興趣，練習順數倒數。	由排列數字卡引起。	1.穿衣比賽。 2.練習摺衣服。	比賽穿衣服，為求公平，甲乙兩組的衣服必須一樣，例如：外套兩件，同是拉鍊或同時扣大扣子，扣子數量也必須相同。

17 量量看

兩條繩子放地上，
起點終點都一樣，
一條直，一條彎。
看一看，量一量，
那條短，那條長！

✏ 如圖：目測後，再量量看。

繩子

兒歌教材教法：

學習目的	引起動機	實驗	延伸活動
學習測量，認識直線、曲線及長、短等單位用語。	由玩繩子接龍遊戲談起。	1. 測量彼此（同學之間）的身高、臂長、肩寬等，或測量桌面寬度、桌腳的高度等。 2. 老師為小朋友用紙條測量身高，再把身高、姓名寫在紙條上，布置在牆上，觀察比較，班上最高、最短、或一般高等。	先以目測說出長短，再以尺量來求證哪條長、哪條短。

18 腿和腳

人有兩條腿，
你跑我來追。
馬有四條腿，
跑步快如飛。
螞蟻六隻腳，
會爬不會跳。
螃蟹八隻腳，
只會橫著跑。
蝸牛沒有腿，
也會慢慢跑。

兒歌教材教法：

學習目的	引起動機	延伸活動	貼心話
二的倍數練習過程中了解動物與昆蟲的特徵。	由觀察動物及昆蟲圖片引起（準備教具——掛圖）。	體能活動：三隻腳競走，每兩人一組，把兩人內側的腳綁在一起變成一隻腳，以三隻腳來競走。	這個遊戲比較適合五歲半以上小朋友玩，因為較大的孩子協調力比較好。

19 客人送來一瓶酒

一九得九：客人送來一瓶酒。

二九一十八：媽媽用酒來燒鴨。

三九二十七：弟弟吃肉不吃皮。

四九三十六：哥哥吃皮不吃肉。

五九四十五：爺爺愛吃凍豆腐。

六九五十四：爸爸最愛吃魚翅。

七九六十三：姊姊怕胖只喝湯。

八九七十二：姊姊半夜肚子餓。

九九八十一：起來吃掉一隻雞。

兒歌教材教法：

學習目的	引起動機	延伸活動
九的倍數練習，從中體會家庭生活用餐的趣味。	由談話引起，報告自己最愛吃什麼菜？或何種食物？	1. 由小朋友報告與家人用餐情形。 2. 收集各種食品包裝紙、各種飲食廣告、食品標籤等作食品分類。貼在揭示板上，向大家報告。

20 好玩的數字

8 8 8 8 8 8 8，

好像魚兒游回家，

又像我的小腳丫。

0 0 0 0 0 0 0，

好像魚兒吹泡泡，

又像許多大眼睛。

1 1 1 1 1 1 1，

好像天上下大雨，

又像筷子排整齊。

兒歌教材教法：

學習目的	引起動機	延伸活動
培養小朋友寫數字的興趣。	由討論數字像什麼引起。	利用阿拉伯數字創作一幅畫（例如：2 畫一隻鵝，4 畫一艘帆船等）。

大腳丫小腳丫

C 4/4

爸 爸 腳 丫 大 又 長　　我 的 腳 丫 小 又 短

小 小 的 蝸 牛 沒 有 腳　　蜈 蚣 的 腳 丫 數 不 完

一 二 三 四 五 六 七 呀　　數 呀 數 呀 數 呀 數 呀 數 不 完

兩面臉的布娃娃

F 2/4

布 娃 娃　　真 滑 稽　　兩 張 臉 兒 真 稀 奇

前 面 臉 兒 笑 嘻 嘻　　後 面 臉 兒 哭 哭 啼

眉 頭 皺 皺 苦 兮 兮　　變 來 變 去 真 有 趣

手指頭

C 4/4 輕鬆活潑

大姆指　胖嘟嘟　二姆指　會數數

三姆指　高又大　四姆指呀愛漂亮

小姆指　短又小　最喜歡呀搔搔癢

ㄧㄧㄍㄍㄨㄨㄧㄧㄨㄨ ㄧㄧㄍㄍㄨㄨㄧㄧㄍㄍ ㄧㄧㄍㄍㄨㄨㄧㄧㄍㄍ 真好玩

♪ 可邊玩邊表演：

1. 自唱自己搔自己癢。

2. 唱完後，兩人互相搔搔癢。

雙雙對對

C 3/4

兩 隻 眼 睛 亮 晶 晶
兩 個 肩 膀 背 包 包

兩 片 耳 朵 聽 聲 音
兩 邊 屁 股 坐 得 牢

兩 個 鼻 孔 管 呼 吸
兩 隻 腳 丫 很 會 跑

兩 邊 臉 頰 ㄡ ㄇ ㄇ
雙 雙 對 對 長 得 巧

量量看

C 4/4

兩條 繩子 放 地上　起 點 終 點 都一樣

一條 直　一條 彎　看一看 量一量

哪條 短呀 哪條 長　量　量　看

楊媽媽養了幾隻雞？

C 2/4

楊 媽 媽　　養 了 六 隻 雞　一 半 在 籠 子 裡 休 息

一 半 在 籠 子 外 吃 米　　裡 面 和 外　面 請 你 猜
（道白）

各 有 幾 隻 雞 猜 對 了　向 你　行 個 禮

小路彎彎

C 2/4

一二三　一條小路　彎又彎

三二一　小路旁邊　有條溪

二三四　溪邊紫藤　好多刺

四三二　游來兩隻　大白鵝

五四三　漁夫手上　拿釣竿

三四五　釣了一天　好辛苦

魚兒沒釣　到回家睡　大覺

第四輯

學習區

〰 包括以下數個學習區：

1. 水彩畫區
2. 陶土區
3. 美勞區
4. 語文區
5. 數學區
6. 戲劇區
7. 音樂區
8. 裝扮區

9. 積木區
10. 動物區
11. 種植區
12. 烹飪區
13. 益智區
14. 隱密區
15. 聊天區
16. 自然科學區

（以上學習內容共有二十首教材教法）

1 奇妙的顏色

水彩畫區（角）

黃寶寶，藍寶寶，

兩人見面真要好，

面對面，哈哈笑，

親親熱熱抱一抱。

噯呀呀！真糟糕，

兩個寶寶不見了，

變成一個綠寶寶，

你說奇妙不奇妙。

兒歌教材教法：

學習目的	引起動機	延伸活動
啟發小朋友利用水彩調顏色，發現兩個主色變出間色的趣味。	由欣賞水彩畫引起。	變色活動：利用透明的各色玻璃紙，用幻燈機，把兩張重疊的玻璃紙打在銀幕上，會發現顏色的變化（每兩種色紙重疊會變出另外一種顏色）。

2 用漿糊

美勞區（角）

剪剪貼貼真好玩，

手上漿糊怎麼辦？

有個辦法不用愁，

濕抹布上擦擦手，

清潔溜溜不黏手。

工作以前準備好，

要用就有不用找。

兒歌教材教法：

學習目的	引起動機	延伸活動
提醒小朋友作美勞前，先要把應用的東西準備妥當（許多小朋友因為手上有漿糊，不是往桌下擦，就往自己衣服上擦，甚至擦在旁邊小朋友身上，造成困擾）。	示範如何使用漿糊，以及如何準備濕海棉或濕抹布引起。	繪製彩色汽球：在吹好的各種不同形狀汽球上面，利用色紙及彩繪來美化汽球。

3 美勞區像工廠

美勞區（角）

美勞區，像工廠，

剪剪貼貼變花樣，

又剪又畫忙不完。

大家作品不一樣，

我欣賞，你稱讚，

不要管它像不像，

動腦動手都很棒。

兒歌教材教法：

學習目的	引起動機	延伸活動
鼓勵小朋友動手動腦作勞作，老師的角色可以從旁鼓勵，不可作彼此比較，更不宜強調像不像。要尊重幼兒與眾不同。	由請小朋友回家收集空罐、空盒或日曆紙引起。	帶小朋友到美術館參觀。參觀之前，老師如能先去參觀，拍下一些幻燈片，向小朋友介紹一些作品，小朋友去參觀時，已有了概念，就比較有耐心欣賞。

4 看書好習慣

語文區（角）

我會輕輕翻書，
安安靜靜看書，
一頁一頁欣賞，
看完放回架上，
擺在固定位子，
方便大家來看。
養成這個習慣，
你我都會喜歡。

兒歌教材教法：

學習目的	貼心話	引起動機	延伸活動
培養小朋友物歸原處的好習慣。	圖書上架前，先把名字影印（或用電腦打字）再用膠膜護貝夾在書內，上架時，把護貝好的書名貼在書架上，再以書名與架上書名配對放好，才不會亂放。換另一批書時，再把書名夾在書內，可永久使用。	介紹新書引起。	請小朋友將老師說過的故事，自繪連環圖，或全班聽完故事，每人畫一張，再彙集成冊，由小朋友設計封面。並註明作者××小朋友、指導老師：×××。

5 我愛玩泥巴

陶土區（角）

我最喜歡玩泥巴，
捏個花瓶插朵花，
搓條蟒蛇樹上爬。
再做一個泥娃娃，
歪著脖子大嘴巴，
光著腳丫想說話，
很可愛，有點傻。

兒歌教材教法：

學習目的	引起動機	延伸活動
1.引導小朋友玩陶泥的興趣。 2.啟發小朋友語言表達能力，例如：如果你是那個小泥娃娃，你想說什麼？	老師利用教具：幾件陶土製品引起小朋友參與玩陶泥的動機。	自由創作：由主題「奇怪的花瓶」，鼓勵小朋友發揮創意，特別用「奇怪」兩個字，就是允許可以像也可以不像，以減輕小朋友「我不會」的壓力。最好把作品展示，由小朋友代表來評量，哪個作品最奇怪。

6 好玩的積木

積木區（角）

我用積木搭座橋，
一搭搭到半山腰，
山上老虎橋上過，
一不小心跌一跤，
跌到哪裡不知道。
再搭城門八丈高，
輕輕一碰通通倒，
沒關係！再來造。

兒歌教材教法：

學習目的	引起動機	延伸活動
將遊戲趣味化，引導小朋友喜愛玩積木，滿足玩積木可以用來產生多種變化。	介紹積木區的安全性，及如何收拾才能達到科學管理的目的（積木必須分類擺，才方便收拾）。	利用小塊積木玩「骨牌」遊戲：將積木（長方形或正方形）依等距離排列，最後只須輕輕一碰，便會接二連三陸續全倒下（使建構時的緊繃情緒得以放鬆）。

7 分工合作

積木區（角）

積木有長也有短，
大小形狀不一樣，
幾個同伴一起玩，
要搭什麼先商量，
分工合作造圍牆。
蓋個寶塔一丈高，
平平穩穩不會倒，
大家拍手都叫好。

兒歌教材教法：

學習目的	引起動機	延伸活動
鼓勵小朋友合作前要先商量，才能在一團和諧之下完成任務。	由介紹積木的各種形狀談起。	實驗、平衡概念：帶小朋友玩蹺蹺板，體會平衡的概念，才能進而體會出搭積木必須平衡才不易倒。

8　收玩具

益智區（角）

大小玩具好幾筐，

大的小的分開裝。

長的短的排整齊，

顏色相同在一起。

分類配對放回去，

玩玩具要守規矩。

玩過玩具收拾好，

再玩玩具容易找。

兒歌教材教法：

學習目的	引起動機	延伸活動
提供具有科學管理的方式，讓小朋友方便收拾，要小朋友守規矩之前，必須先讓小朋友知道有所遵循（這首兒歌已點出了收拾方法，老師應可考慮選擇應用）。	檢討玩具如何收拾才方便取用與歸位談起。	每週一次全體師生為玩具作清潔工作，（學校要準備許多抹布，幾乎是人手一條。由老師清洗髒抹布供小朋友擦玩具。並且要選在好天氣，因為容易乾）或分組清潔不同的玩具。

9 玩具箱

益智區（角）

教室有個玩具箱，

住著獅子和大象，

還有老虎和綿羊。

這些動物好可愛，

上學都會拿來玩。

它們是我好朋友，

每天跟我玩很久。

兒歌教材教法：

學習目的	引起動機	延伸活動	貼心話
鼓勵小朋友回家也要時常整理自己的玩具箱。同時也必須常清洗。	討論如何整理玩具箱引起。	把在家的玩具組合好，或將單一玩具作造型，都拍照留念，或帶到學校，與同學分享。	可以考慮每星期定一日為玩具分享日。若沒有玩具，帶書或寵物也可以，避免小朋友吵著買新玩具。

10 娶新娘

裝扮區或娃娃家（角）

扮家家，真好玩，

抬花轎，娶新娘，

又鞠躬，又拜堂，

吹吹打打入洞房。

洞房沒搭牢，

唏哩嘩啦倒，

假受傷，哇哇叫，

又打針，又吃藥，

洞房變醫院，

好笑真好笑！

兒歌教材教法：

學習目的	引起動機	延伸活動
滿足小朋友裝扮遊戲的樂趣。	由師生合作製作新娘花轎道具引起。	玩娶新娘遊戲。由小朋友自告奮勇或推選小朋友扮演各種角色，如：新郎、新娘、媒婆、司儀、抬轎人、樂隊及招待來賓等。

11 　動物劇場

戲劇區（角）

動物表演快開場，
對號入座來欣賞，
獅子出場一聲吼，
全場觀眾拍拍手，
鴨子出來扭呀扭，
三隻猴子翻筋斗，
大象出來彈吉他，
孔雀跟著跳恰恰，
觀眾看得笑哈哈！

兒歌教材教法：

學習目的	引起動機	延伸活動
鼓勵小朋友樂於參與故事表演，排除怯場心理。	1.由老師說故事引起。 2.由討論布置會場引起。	角色扮演：「動物大會串」，由小朋友扮演自己認為最喜歡的動物，到展示台上表演動物的動作特徵。

12 小廚師

烹飪區（角）

小廚師，真能幹，

用麵粉，做餅乾，

放點奶油加點糖，

倒點水，再攪拌，

做成餅乾四方方，

烤一烤，翻一翻。

烤好餅乾大家嚐！

兒歌教材教法：

學習目的	引起動機	延伸活動
發現物理變化現象。培養自己動手作點心的興趣。	介紹烹飪材料引起。	1. 為小朋友說故事：「薑餅娃娃」，也可由老師自創。 2. 利用陶土或紙黏土製作「薑餅娃娃」，或自由塑一個泥人，讓孩子更有想像空間。 3. 直接用麵粉加點糖或加鹽、或加蔥花或加蛋，做成蔥油餅或蛋餅。

13 飼養小動物

動物區（角）

我們動物真不少，
烏龜小鳥兔寶寶。
青菜玉米作飼料，
小烏龜，吃得少，
小鳥總是吃不飽，
拉的大便好像藥，
大家輪流來打掃。

兒歌教材教法：

學習目的	引起動機	延伸活動	貼心話
培養責任感，啟發愛心，認識小動物的習性與特徵。	由小朋友報告家中飼養小動物的經驗引起。	體能：龜兔賽跑。	1. 飼養小動物時，為安全起見，先帶動物及動物糞便到動物醫院檢查，證明健康沒有傳染病才可以養。 2. 以老師要先身體力行作清理工作，不宜強迫幼兒輪流，只要小朋友喜愛動物，又在耳濡目染之下，學會清理。

14 數學玩具真好玩

數學區（角）

數字卡，配對牌，
要玩可以自己來。
疊疊樂，最有趣，
愈疊愈高好刺激。
梅花數卡請你猜，
各種形狀拼拼排，
數學遊戲太多種，
常玩自然就會懂。

兒歌教材教法：

學習目的	引起動機	延伸活動
培養小朋友對數學產生興趣，提醒幼稚園老師，應提供多元化數學教具，供小朋友從操作及遊戲中學習。	介紹幾種數學新玩具引起。	數字速讀活動：老師利用長方形硬紙卡，每張卡牌上面寫上幾個數，由少到多，例如：由2或4字、6或8個數字，作成數字卡，在小朋友前面閃示一下，馬上扣上，讓小朋友猜剛才卡片的數字。閃示動作可由慢而漸快，培養速讀能力。

15 小樂隊

音樂區（角）

小樂隊，一出場，

大小鼓，咚咚響，

手搖鈴，鈴鈴鈴，

吹笛子，最好聽，

小喇叭，嘀嘀答，

手串鈴，喳喳喳，

大銅鈸，恰恰恰，

敲得好，人人誇。

兒歌教材教法：

學習目的	引起動機	延伸活動	貼心話
培養小朋友音感、節奏感，並認識各種常用的節奏樂器。	介紹各種樂器引起。	組織克難樂隊，把能敲得出聲音的東西帶來，把音質、音色相近的分類，配合鋼琴合奏。	除了向小朋友介紹小樂器其名稱以外，還須介紹如何拿，以及如何才能敲出好聽的聲音。老師都要一一示範，以減低小朋友的挫折感。

16　種　菜

種植區（角）

小種子，土裡埋，

拿把稻草往上蓋。

不怕風兒吹，

不怕太陽曬。

每天澆點水，

嫩芽冒出來，

過了十幾天，

變成小白菜，

綠綠真可愛。

兒歌教材教法：

學習目的	引起動機	延伸活動
1.觀察種子變成菜，以及體驗種菜經驗。 2.提高小朋友吃青菜的意願（享受自己努力的成果）。	參觀附近郊外菜園引起，或參觀菜市場。	飼養昆蟲，鼓勵小朋友捉菜蟲，放在昆蟲箱裡飼養，可以觀察菜蟲蛻變成粉蝶的情形。

17 祕密屋

隱密區（角）

心裡好煩不舒服，
悄悄躲進祕密屋，
安安靜靜想清楚，
頭腦好像大掃除，
所有煩惱全不見，
心裡感覺好舒服。
如果朋友有煩惱，
歡迎請進「祕密屋」。

兒歌教材教法：

學習目的	引起動機	延伸活動
學校應提供一處隱密區，讓小朋友有獨處機會，獨處並非逃避，而是可以有冷靜思考或省思的機會，使緊繃的情緒得以放鬆。	由個別輔導小朋友行為及情緒問題引起。	設計情境：「心事誰人知？」小朋友可以在此盡量把心事說出來，老師筆錄後貼在這一欄裡，供家長來了解，也讓同學了解，大家幫他克服煩惱。

18 談天說地

聊天區（角）

聊天區，真正好，

談天說地不怕吵，

說笑話，逗人笑，

假裝不笑才好笑！

你我心事全知道，

互相了解沒煩惱，

這種感覺，嗯！真好。

兒歌教材教法：

學習目的	引起動機	延伸活動
滿足小朋友喜歡說悄悄話的慾望，同時亦可增進對朋友之間的了解，有助友誼的增進。	由談話引起，例如：誰會把個人心事向朋友傾訴？	「比比看，誰先笑」，兩人面對面，不能說話，也不能笑，只能做各種臉部表情逗對方笑，看誰先被逗笑，再換人來玩。

好玩的磁鐵

自然科學區（角）

稀奇真稀奇：

　　塑膠木頭吸不起，

　　瓶蓋圖釘拼命擠。

好玩真好玩：

　　吸起釘子一大串，

　　隔著板子也能玩。

奇妙真奇妙：

　　有時吸，有時逃，

　　玩過磁鐵才知道。

兒歌教材教法：

學習目的	引起動機	延伸活動
滿足小朋友好奇心，操弄磁鐵的趣味。	由故事引起（一個牧羊人發現磁鐵的故事）。	1. 收集各種不同材料，發現可吸及不可吸的現象。 2. 利用厚紙板或三夾板，在上面畫上迷津圖，圖上放一金屬（如圖釘、迴紋針或酒瓶蓋均可）再用一塊磁鐵在背面滑動，正面的圖釘便會跟著滑動。

20 為豆豆做個家

自然科學區（角）

我為豆豆做個家，

碟子裡面放棉花，

每天澆水照顧它，

三天不到就發芽。

過幾天，

哇！鬍鬚出來啦！

這麼小，

　　就想當爸爸。

兒歌教材教法：

學習目的	引起動機	延伸活動
啟發小朋友發現植物生命的有趣。	由觀察各種豆子引起。	美勞：利用豆子做立體工。 1.利用牙籤、豆子做立體組合（豆子要先泡過水）。 2.利用各種不同顏色豆子，用樹脂乳膠，在硬卡紙上作成平面圖案設計。

第五輯

二至三歲寶貝篇

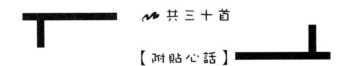

～共三十首

【附貼心話】

1 量量看

秤體重，量身高，

誰最重？誰最高？

比一比，就知道。

貼心話 小朋友在學齡前成長比較快，大約每三個月便可測量一次身高體重。

2 玩皮球

小皮球，好脾氣，

你踢它，不生氣。

大家玩，最有趣，

一個人玩也可以。

貼心話 跟孩子玩丟球接球、或滾球接球，都有助於內耳前庭覺的平衡發展，有利於未來能坐得住，也比較能專心學習。

3　存錢筒

我有一個存錢筒，

一直存錢不亂用，

長大變成大富翁。

貼心話　儲蓄習慣最好愈早開始愈好。父母不妨先把孩子的壓歲錢及每月撥出一小筆零用錢為孩子儲蓄，作孩子未來的教育基金。

4　小卡片

一張小卡片，

到處去旅行，

向朋友祝福，

向長輩拜年。

貼心話　幫助小朋友參與設計小卡片寄給朋友。尤其是過年賀卡，可以把小朋友照片或全家福印在賀卡上，代表全家向親友祝福之意。

5 玩黏土

我拿黏土搓搓搓，

搓個雞蛋送外婆。

貼心話 玩黏土是幼小小朋友最愛的東西，捏、揉、拍、打、摔、搓等十分自由，亦可促進手指及手腕的肌肉運動。

6 小帆船

小帆船，

水上飄，

沒聲音，

靜悄悄。

貼心話 請家長（老師也可建議）帶孩子到湖邊或海邊看船，利用假日出去走走，以充實孩子生活經驗。

第五輯　二至三歲寶貝篇　185

7 聲音

小汽車，嘟嘟嘟！

小火車，嗚嗚嗚！

很多人，ㄐㄧ ㄌㄧ ㄍㄨ ㄌㄨ！

貼心話 小朋友非常喜歡模仿各種聲音，除了唸這首兒歌外，不妨再去發現還有哪些特別的聲音可以模仿。

8 梳頭

我有一個小娃娃，

每天幫他梳頭髮，

頭髮梳得掉光光，

好像一個小和尚。

貼心話 小朋友喜歡模仿大人，常會為玩具娃娃換衣服或梳頭，這首兒歌有點警惕作用，提醒小朋友輕輕梳一梳就可以，否則頭髮會掉光，娃娃就不好看了。

9 洞洞書

洞洞書，

真奇怪，

一面看，

一面猜。

貼心話 小朋友喜歡探討認為有點神祕的事物，洞洞書便可以使他對翻書產生興趣。

10 隨手關燈

打開燈，

拿書看。

看完書，

隨手關。

貼心話 許多父母禁止孩子接觸電開關，其實會開比完全不會要安全的多。也許孩子個子小接觸不到，但是如果老師或父母在使用開關時，能一邊唸這首兒歌，一定有潛移默化的效果。

11 擦擦擦

擦擦擦！擦擦擦！

自己洗澡自己擦，

身上擦，腿上擦，

全身不會濕答答。

貼心話 偶而讓孩子在澡缸內自己動手洗澡，指導他擦乾，亦可滿足玩水興趣，又可以覺得：「我會擦身體」的成就感。

12 洗洗手

洗洗手，洗洗手，

抹點肥皂洗洗手，

手心手背搓搓搓，

乾乾淨淨一雙手。

貼心話 勤洗手是非常重要的清潔工作，更宜從幼小培養。孩子邊唸、邊洗，會覺得洗手也很好玩。

13 看病吃藥

醫院掛號，

看病拿藥，

乖乖吃藥，

病菌跑掉。

貼心話 這首兒歌如果常唸，相信孩子比較不會排斥服藥了。

14 護士阿姨

穿白衣，戴白帽，

護士阿姨心腸好，

照顧病人微微笑。

幫人打針又送藥，

好像忙得不得了。

貼心話 為了讓孩子對護士不會排斥，唸這首兒歌也許可降低對護理人員的排斥心理。

15 皮 球

（謎 語）

空肚子，圓身體，

滾來滾去真頑皮。

我拍它，它就跳，

不拍它，就睡覺。

貼心話 當孩子熟唸這首歌，不妨唸給來訪的客人猜，一定也蠻有趣。

16 節省用水

洗澡水，別倒掉，

沖馬桶，很有效，

節省用水最重要。

貼心話 小孩子大都喜歡玩水，所以培養節省用水也非常重要。我的小外孫就會每次提醒我：「不要把洗澡水倒掉，留著沖馬桶。」

17 豬媽媽

豬媽媽的肚子，

　　像沙發。

豬寶寶可以，

　　爬上爬下。

貼心話 孩子都愛爬高爬低，希望藉由這首兒歌，父母能身體力行，更能增加美好親子關係（當然孕婦例外）。

18 小烏龜

小烏龜，

　　天天在搬家，

背著房屋，

　　慢慢慢慢爬。

貼心話 希望老師及家長，如有機會多讓孩子觀察動物生態，例如：看到烏龜爬，也讓孩子模仿多爬行，有助於四肢協調及平衡感的發展。

19 螞蟻找媽媽

小螞蟻，找媽媽，

找到媽媽笑哈哈。

貼心話 小朋友最親密的人一定是父母，也最害怕失去父母，當唸到這首兒歌時，想到螞蟻找到媽媽，一定也有一種喜悅的感覺。

20 螞蟻搬餅乾

小螞蟻，地上爬，

搬餅乾，抬回家。

貼心話 只要是會動的東西，兩三歲孩子都會感到興趣，觀察螞蟻動態，必定能引發孩子思考許多問題，這是很有意義的現象。

21

小蜻蜓

小蜻蜓，大眼睛，

飛來飛去捉蒼蠅。

貼心話 好蟲及害蟲，這首兒歌中很清楚地讓小朋友知道，吃害蟲的昆蟲必是好蟲，大人也可隨機教育一番。

22

小金魚

大眼睛，花衣裳。

小金魚，真漂亮。

貼心話 家中養幾隻小魚，孩子不但喜歡看，也喜歡跟魚說話，也喜歡餵小魚吃魚飼料，不但提供了表達語言、愛心與責任感，同時也提供孩子抒發感情的機會。

23　小河馬

小河馬，嘴巴大，

胖嘟嘟，腿粗粗。

愛在河裡洗洗澡，

一定全身都舒服。

貼心話　帶孩子逛逛動物園，可增進孩子生活經驗。尤其是河馬的大嘴巴，最令孩子感到特別。

24　小蝸牛

小蝸牛，動作慢，

背著房屋出去玩。

伸出頭，往外看，

爬呀爬呀找同伴。

貼心話　孩子會奇怪，為什麼蝸牛沒有腳會走？用什麼爬？不妨抓一隻蝸牛放在玻璃板上，然後小朋友蹲在玻璃板下觀察就了解了（自己找到答案比成人告訴他要實際多了）。

25 中秋節的月亮

月亮圓，月餅甜，

圓的圓，甜的甜。

貼心話 全家人一起賞月，吃吃談談，為孩子說月亮娘娘故事，都是兒時最溫馨的回憶。

26 我的臉兒像月亮

月亮圓，月餅甜，

我的臉像月亮一樣圓，

我的嘴和月餅一樣甜。

貼心話 每當孩子說出一句溫馨的話，就應稱讚：「你的嘴好甜，我聽了好舒服。」具有正面增強作用。

27 冰

（用閩南語唸）

芋仔冰，紅豆仔冰，
呷了嘴角黏ㄊ ㄊ，
呷了歸身冷ㄍ ㄍ。

28 嚐一嚐

（用閩南語唸）

我的嘴舌尚知味，
李仔鹹，糖仔甜，
吃了會答舌！

29　雨　天

（用閩南語唸）

落雨天，濕_{ㄅㄢ}涸_{ㄅㄣ}涸，

小雞仔寒_{ㄍㄚ}著打嘴鼓。

貼心話 以上三首，讓幼小孩童，學習簡單的閩南語。鼓勵
小朋友唸給祖父祖母聽，一定會讓老人家開心。

30　好吃的水果

香蕉香，西瓜甜，

不香不甜不要錢。

國家圖書館出版品預行編目資料

兒歌教材教法／蘇愛秋著.--初版. --
臺北市：心理, 2003（民 92）
面；　公分.--（幼兒教育；70）

ISBN　978-957-702-631-6（平裝）

1. 兒童歌曲—教學法　　2. 學前教育—教學法

523.23　　　　　　　　　　92017370

幼兒教育 70　**兒歌教材教法**

作　　者：蘇愛秋
總 編 輯：林敬堯
發 行 人：洪有義
出 版 者：心理出版社股份有限公司
社　　址：台北市和平東路一段 180 號 7 樓
總　　機：(02) 23671490　　傳　真：(02) 23671457
郵　　撥：19293172　心理出版社股份有限公司
電子信箱：psychoco@ms15.hinet.net
網　　址：www.psy.com.tw
駐美代表：Lisa Wu　　tel: 973 546-5845　　fax: 973 546-7651
登 記 證：局版北市業字第 1372 號
電腦排版：亞帛電腦製作有限公司
印 刷 者：玖進印刷有限公司
初版一刷：2003 年 10 月
初版三刷：2008 年 2 月

定價：新台幣 200 元　　■有著作權·侵害必究■
ISBN 978-957-702-631-6

讀者意見回函卡

No._____　　　　　　　　　填寫日期：　年　月　日

感謝您購買本公司出版品。為提升我們的服務品質，請惠填以下資料寄回本社【或傳真(02)2367-1457】提供我們出書、修訂及辦活動之參考。您將不定期收到本公司最新出版及活動訊息。謝謝您！

姓名：_____　　性別：1□男　2□女

職業：1□教師 2□學生 3□上班族 4□家庭主婦 5□自由業 6□其他____

學歷：1□博士 2□碩士 3□大學 4□專科 5□高中 6□國中 7□國中以下

服務單位：_____　部門：_____　職稱：_____

服務地址：_____　電話：_____　傳真：_____

住家地址：_____　電話：_____　傳真：_____

電子郵件地址：_____

書名：_____

一、您認為本書的優點：（可複選）

　❶□內容 ❷□文筆 ❸□校對 ❹□編排 ❺□封面 ❻□其他____

二、您認為本書需再加強的地方：（可複選）

　❶□內容 ❷□文筆 ❸□校對 ❹□編排 ❺□封面 ❻□其他____

三、您購買本書的消息來源：（請單選）

　❶□本公司 ❷□逛書局⇨_____書局 ❸□老師或親友介紹

　❹□書展⇨____書展 ❺□心理心雜誌 ❻□書評 ❼其他_____

四、您希望我們舉辦何種活動：（可複選）

　❶□作者演講 ❷□研習會 ❸□研討會 ❹□書展 ❺□其他____

五、您購買本書的原因：（可複選）

　❶□對主題感興趣 ❷□上課教材⇨課程名稱_____

　❸□舉辦活動　❹□其他_____　（請翻頁繼續）

廣　告　回　信
台 北 郵 局 登 記 證
台 北 廣 字 第 940 號

（免貼郵票）

 心理出版社 股份有限公司

台北市 106 和平東路一段 180 號 7 樓

TEL: (02) 2367-1490
FAX: (02) 2367-1457
EMAIL:psychoco@ms15.hinet.net

沿線對折訂好後寄回

六、您希望我們多出版何種類型的書籍

❶□心理 ❷□輔導 ❸□教育 ❹□社工 ❺□測驗 ❻□其他

七、如果您是老師,是否有撰寫教科書的計劃:□有□無

　　書名／課程:＿＿＿＿＿＿＿＿＿＿＿＿＿＿＿＿＿＿＿＿＿＿＿

八、您教授／修習的課程:

上學期:＿＿＿＿＿＿＿＿＿＿＿＿＿＿＿＿＿＿＿＿＿＿＿＿＿＿＿

下學期:＿＿＿＿＿＿＿＿＿＿＿＿＿＿＿＿＿＿＿＿＿＿＿＿＿＿＿

進修班:＿＿＿＿＿＿＿＿＿＿＿＿＿＿＿＿＿＿＿＿＿＿＿＿＿＿＿

暑　假:＿＿＿＿＿＿＿＿＿＿＿＿＿＿＿＿＿＿＿＿＿＿＿＿＿＿＿

寒　假:＿＿＿＿＿＿＿＿＿＿＿＿＿＿＿＿＿＿＿＿＿＿＿＿＿＿＿

學分班:＿＿＿＿＿＿＿＿＿＿＿＿＿＿＿＿＿＿＿＿＿＿＿＿＿＿＿

九、您的其他意見

謝謝您的指教!　　　　　　　　　　　　　　51070